JN000791

これで
安心！

介護施設・事業所の

BCP
Business Continuity Plan

運用ガイド

地域 自治体 他施設・事業所 等と
「連携」して進める災害・感染症対策

佐々木 薫

社会福祉法人仙台市社会事業協会 理事
著

第一法規

はじめに

　「令和3年度介護報酬改定」により、介護施設・事業所の全サービスにBCP（業務継続計画）の策定が義務づけられました。3年間の経過措置はあるものの、重要な計画であるため、可能な限り早く現状に即したBCPを作成することが求められています。

　筆者は、東日本大震災で最も被害が大きかった宮城県南三陸町の出身です。当然のように、私の実家は跡形もなく流失し、身内も多数、犠牲になっていますので、大規模災害は他人事ではありません。ですから、被災地を何とか救いたい、早く復興させたいという想いは強く、当時は、寝食を忘れて災害支援や復興支援に動き回ったことが思い出されます。

　その中で、多くの被災者や地域住民、被災施設職員の現状を目の当たりにし、また、多くの支援者や支援団体との連携や意見交換を行ったことにより、さまざまな課題や気づきを得ることができました。

　本書では、東日本大震災や多くの風水害の経験、さらには、昨今の新型コロナウイルス感染症の体験から、地域や自治体、他の施設・事業所、福祉団体等との「連携」を活用したBCPの作成や運用方法を「事例」や「Q&A」で提示しながら解説しています。実際のBCPの作成や運用に不安を抱えている介護施設・事業所の経営者やリーダーの皆様が、より実効性のある災害対策や感染症対策を進めていくことができるように構成していますので、ぜひ、本書を活用して実践的なBCPを作成し、運用していただければ幸いです。

2023年2月

筆者　佐々木　薫

介護施設・事業所の
これで
安心!
BCP運用ガイド
地域、自治体、他施設・事業所等と
「連携」して進める災害・感染症対策

第1章　BCPを作成・運用していくための実践

第2章　BCPと災害に備えるための「連携」の在り方

第3章 災害対策と感染症対策に生かすための「連携」の在り方

第4章 BCPの運用、「連携」で困った際のQ&A

おわりに

著者紹介

序章

BCPの運用と「連携」の重要性を考えるための概説

BCPや防災計画等について

（1）BCPとは

　BCP（ビー・シー・ピー）とは Business Continuity Plan の略称で、事業継続計画または業務継続計画などと訳されます。新型コロナウイルス等の感染症や大地震などの災害が発生すると、通常通りに業務を実施することが困難になります。まず、業務を中断させないように準備するとともに、中断した場合でも優先業務を実施するため、あらかじめ検討した方策を計画書としてまとめておきます。

　BCPとは、「平常時の対応」「緊急時の対応」の検討を通して、①事業活動レベルの落ち込みをできるだけ小さくし、②復旧に要する時間を短くすることを目的に作成された計画書です。介護施設・事業所では災害が発生した場合、一般に「建物設備の損壊」「社会インフラの停止」「災害時対応業務の発生による人手不足」などにより、利用者へのサービス提供が困難になります。一方、利用者の多くは日常生活・健康管理、さ

BCPの定義

　大地震等の自然災害、感染症のまん延、テロ等の事件、大事故、サプライチェーン（供給網）の途絶、突発的な経営環境の変化など不測の事態が発生しても、重要な事業を中断させない、または中断しても可能な限り短い期間で復旧させるための方針、体制、手順等を示した計画のことを事業継続計画（Business Continuity Plan、BCP）と呼ぶ。

（出典：厚生労働省老健局「介護施設・事業所における自然災害発生時の業務継続ガイドライン」）

らには生命維持の大部分を介護施設・事業所の提供するサービスに依存しており、 サービス提供が困難になることは利用者の生活・健康・生

図表1　避難確保計画・非常災害対策計画・消防計画の関係性

●**避難確保計画（水防法、土砂災害防止法、津波法）**

- ・計画の体制
- ・計画の適用範囲
- ・防災体制
- ・情報収集及び伝達
- ・避難の誘導
- ・避難確保を図るための施設の整備
- ・防災教育及び訓練の実施
- ・自衛水防組織の業務
 （自衛水防組織を設置する場合に限る）

非常災害対策計画に避難確保計画の事項を含めて作成することで、一元化することができる

●**非常災害対策計画（厚生省令又は厚労省令）**

- ・施設等の立地条件
- ・災害に関する情報の入手
- ・災害時の連絡先及び通信手段の確認
- ・避難を開始する時期、判断基準
- ・避難場所、避難経路、避難方法
- ・災害時の人員体制、指揮系統
- ・関係機関との連携体制

・避難確保計画
・非常災害対策計画
・消防計画

●**消防計画（消防法）**

- ・自衛消防の組織に関すること
- ・防火対象物についての火災予防上の自主検査に関すること
- ・避難通路、避難口、安全区画、防煙区画その他の避難施設の維持管理及びその案内に関すること
- ・消火、通報及び避難の訓練その他防火管理上必要な訓練の定期的な実施に関すること
- ・火災、地震その他の災害が発生した場合における消火活動、通報連絡及び避難誘導に関すること
- ・防火管理についての消防機関との連絡に関すること
 （一部抜粋）

非常災害対策計画に消防計画の事項を含めて作成することで、一元化することができる

（「令和2年度老人保健事業推進費等補助金（老人保健健康増進等事業）『高齢者施設における非常災害対策の在り方に関する研究事業』高齢者施設・事業所における避難の実効性を高めるために―非常災害対策計画作成・見直しのための手引き―」（令和3（2021）年3月　一般財団法人日本総合研究所）をもとに筆者作成）

命の支障に直結します。このような理由から、他の業種よりも介護施設・事業所はサービス提供の維持・継続の必要性が高く、BCP作成など災害発生時の対応について準備することが求められます。

（2）介護施設・事業所において作成が求められる主な防災計画等の関係性の整理

　介護施設・事業所には、防災に関する多くの計画作成が求められています。図表1と図表2では、その関係性を整理しています。非常災害対策計画と避難確保計画および消防計画は一元化して策定することができます。さらには、それらを全て内包した業務継続計画（BCP）を一体的に策定することも可能です。いずれにせよ、各職員がわかりやすい方法が一番ですので、介護施設・事業所の特性によって整備することが重要です。

図表2　災害計画関係のイメージ図

作成主体	施設・事業所 （施設・事業所利用者向け）			自治体 （在宅高齢者向け）
対応する災害	災害全般 （火事、地震等）	洪水、 土砂災害等	火事等	災害全般 （火事、地震等）
区分　災害発生前	非常災害対策計画	避難確保計画	消防計画	個別避難計画
区分　災害発生時	非常災害対策計画	避難確保計画	消防計画	個別避難計画
区分　災害発生後	非常災害対策計画	避難確保計画	消防計画	個別避難計画
区分　業務の継続・縮小・休止	一体的に作成が可能			
区分　業務の再開・復旧	業務継続計画（BCP）			

（「令和2年度老人保健事業推進費等補助金（老人保健健康増進等事業）『高齢者施設における非常災害対策の在り方に関する研究事業』高齢者施設・事業所における避難の実効性を高めるために―非常災害対策計画作成・見直しのための手引き―」（令和3（2021）年3月　一般財団法人日本総合研究所）をもとに筆者作成）

第2節	# 東日本大震災の経験に基づいた 自然災害への対応について

（1）2011（平成23）年3月11日に発生した東日本大震災を振り返る

　東日本大震災の想像を絶する被害から、早いものでもうすぐ12年になろうとしています。

　2011（平成23）年3月11日14時46分に発生した東日本大震災は、マグニチュード9.0という世界の観測史上4番目の大地震で、宮城県北部は最大震度7を、その他の地域も震度6強・6弱を記録しました。さらには想像を絶する10m〜20m級の大津波の来襲により、死者が約1万5,900人、行方不明者が約2,500人、震災関連死が約3,800人で、犠牲者は約2万2,200人にも上る大惨事になりました。これは、1995（平成7）年の阪神・淡路大震災の犠牲者の3倍を超える未曾有の大災害でした。

　また、建物被害も甚大で、全半壊は約40万戸、一部損壊は約60万戸、合計で約100万戸もの被害があり、生活に大きな支障が出ました。その後も、宮城県沖を震源とする震度6弱の余震が、その他の地域でも震度5以下の余震が続くなど、東北や関東地方の人々に大きな不安を与え続け、直近でも福島県沖震源とする震度6強の11年越しの大きな余震が見られました。

　東日本大震災の犠牲者のうち60歳以上の比率は64.4％で、それ以下の同比率35.6％の約2倍となっています。60代は1.4倍、70代は2.3倍、80代は3.3倍となっており、高齢になればなるほど死亡率が高くなっています。

　また、障害者も健常者に比較すると、約2倍の比率で犠牲者が出ています。被災した高齢者・障害者・児童施設も数多くあり、行き場を失った方や避難先で亡くなる高齢者、避難所や仮設住宅になじめない障害

者・認知症の方もたくさんいました。さらには、在宅サービスを利用して生活していた方も、自宅を流失したり事業所が被災したりして十分なサービスを受けられず困窮している状態が続きました。また、仮設住宅や転居先での閉じこもりや孤独死も問題になっていました。

　被災地では、利用者の命と施設や事業所の安全を守るために、この12年の間、復興に向けて必死に努力してきました。被災に遭われた多くの方々を追悼するとともに、この東日本大震災の教訓を生かし、今後に予測される首都直下型地震や南海トラフ地震等の大規模災害に備えていかなければなりません。その備えの大きな柱の一つが、BCPの策定となります。

（2）東日本大震災から12年を経て風化しつつある職員等の意識

　東日本大震災からもうすぐ12年が経過しようとしている中で、仙台市内や宮城県内では、何事もなかったように静かに時が過ぎていきました。10周年前後は、多少、新聞・テレビなどのマスコミが当時のことを取り上げてくれましたが、さほど大きな話題にはならなかったので、あれだけの大惨事にもかかわらず、もう風化してしまったのかと感じざるを得ない状況です。

　2016（平成28）年４月14日からの熊本地震では、大規模災害が日本全国どこでも起こり得ることが改めて証明されました。東日本大震災からわずか５年しか経たずに大災害がもたらされるなど、日本が災害国家であることを再認識させられた出来事でもあります。熊本地震は直下型地震であり、海溝型地震との違いもあって津波の被害はありませんでしたが、２回にわたって起こった地震は共に震度７の激震で建物の倒壊も多数に上り、ライフラインが寸断するなどの共通点も多く見られました。

　また、大きな余震が数多く続いたため、危険建物が多数に上り、再建

が長期にわたることも同じでした。このことは、避難所や仮設住宅での生活が長期にわたることを意味しており、復興だけでなく普通の生活を取り戻すのにも相当数の時間がかかることがわかりました。

　熊本地震の災害対策時には、東日本大震災の教訓を生かした一面もありますが、まだまだ未整備なことも多く、今回の厚生労働省によるBCP策定についても、これから整備する施策の一環としての側面もあります。

　また、この地震で感じたことは、東日本大震災で被災した介護施設・事業所が当時多くの支援をいただいたのにもかかわらず、熊本地震では、支援する側の立場となったものの、残念ながら職員の反応は鈍いものであったということです。積極的に義援金を集めたり、支援物資を送ろうとしたりする者は少なく、ましてや職員の応援派遣に応募する者は皆無だったのがとても残念でした。現在も頻発する風水害に対する反応も同様であり、感覚がマヒしているのか、他人事なのか、12年前の経験が風化しているとしか思えないのが介護現場の状況です。まさに「喉元過ぎれば熱さ忘れる」の例え通りで、他人事としか考えられない職員があまりにも多いということです。

　介護施設・事業所の職員は、利用者や地域住民の生活を守り、福祉サービスを提供し続けなければならないとの使命があります。　災害発生直後を想定した防災マニュアルや避難計画を用意し、周到に避難訓練等を行っている福祉施設や事業所は数多くあります。しかし、発災後、いかに継続して福祉サービスを提供するかという具体的な視点での対策まで盛り込んだBCPを策定している施設・事業所は、まだわずかなのが現状です。また、すでに策定していても、形だけのBCPでは意味がなく、各施設・事業所に合った具体的なものが必要です。

　現在、BCPの導入を検討はしていても、どこから手をつければいいの

かわからない、業務に追われて検討する時間的・人的な余裕がない施設・事業所もあるかと思います。しかし、生活を守る使命が介護施設・事業所にはありますので、本書を参考にして、できるところから策定していただければと思います。

（3）最近の自然災害の特徴

　東日本大震災後に起きた主な大規模自然災害の一覧を見ると、地震が7回、台風が12回、豪雨が9回、猛暑が2回、噴火が1回、豪雪が1回となっています（図表3）。地震については、発生周期の短期化も顕著に見られるようになり、建物の倒壊や土砂崩れなど直接の地震被害も甚大ですが、付随する災害関連死の増加も見過ごせません。また、一番回数が多いのは水害で、台風や豪雨などによる被害が年々増大しています。これは地球温暖化等による台風の大型化や、線状降水帯による爆発的な雨量により、河川の氾濫や堤防の決壊などが頻発したのが原因です。いずれにしても、災害の巨大化や脅威の増大が見られますので、これまでの対応では危機を回避できない可能性があります。

　今後は、非常災害計画や避難確保計画、それらを包摂したBCPの策定や見直しが必須となります。特に、ハザードマップ等に示された地理的、地域的に危険と隣り合わせの介護施設・事業所は、対策を急ぐ必要があります。

（4）東日本大震災の被災時に役立った、地域と連携した施設・事業所の在り方

　ここからは、筆者の法人や施設が東日本大震災で被災をした際の事例をもとに説明しますので、まず、当法人や当施設の概要について紹介します。

図表3　東日本大震災以降に起きた主な大規模自然災害

2011年３月	長野県北部地震
2011年４月	福島県浜通り地震
2011年９月	台風12号
2013年８月	猛暑
2013年10月	台風26号
2014年２月	豪雪（岐阜県・山梨県・長野県）
2014年８月	平成26年８月豪雨・土砂災害（広島市）
2014年９月	御嶽山噴火
2014年11月	長野県神城断層地震
2016年４月	熊本地震
2016年８月	台風および停滞した前線による大雨
2016年	台風７号、11号、９号、10号
2017年７月	平成29年７月九州北部豪雨
2018年６月	大阪北部地震
2018年７月	平成30年７月西日本豪雨
2018年６月～８月	猛暑
2018年９月	台風21号
2018年９月	平成30年北海道胆振東部地震
2019年６月	令和元年６月西日本・九州南部豪雨
2019年８月	令和元年８月九州北部豪雨
2019年	台風８号、10号、15号、19号、21号
2020年７月	令和２年７月豪雨
2021年２月	福島県沖地震
2021年７月～８月	令和３年７月集中豪雨、８月集中豪雨

（※災害の種類と数：地震７・台風12・豪雨９・猛暑２・噴火１・豪雪１）

①地域の特性と社会福祉法人「仙台市社会事業協会」の概要

　仙台市の人口は、約110万人、高齢者人口は約27万人強で、高齢化率は24.7%になります（2023（令和5）年2月現在）。その仙台市にある社会福祉法人仙台市社会事業協会は、1928（昭和3）年6月7日に仙台市の篤志家によって創立され、1935（昭和10）年4月8日に法人格を取得した、仙台市内でも歴史のある社会福祉法人です。現在では、高齢者福祉事業、児童福祉事業、公益事業、収益事業等を仙台市内に幅広く展開し、乳幼児から児童、学生、高齢者、障害者までの支援を行っています。

　社会背景や利用者ニーズの変化に伴い、新たに策定した法人理念「いつも希望を、もっと笑顔を、ずっと安心を、実現したい」を基本に、社会貢献や地域貢献を果たしたいと日々の業務を行っており、この理念の実現のために設置されたのが「仙台楽生園ユニットケア施設群」になります。

②高齢者総合福祉施設「仙台楽生園ユニットケア施設群」の概要

　仙台楽生園ユニットケア施設群は、仙台市中心部の青葉区にあり、JR

高齢者総合福祉施設「仙台楽生園ユニットケア施設群」の外観

北仙台駅、地下鉄北仙台駅、仙台市営バスなど交通の便や、役所・病院・ショッピング・娯楽施設等の利便性がよい場所にあります。また、街中にもかかわらず、北山五山などの寺社仏閣や自然にも恵まれています。ただし、古い住宅地の中にあるので、この地域の高齢化率は、約25％で仙台市全体よりも高くなっています。

　当施設群は、1987（昭和62）年に開設した特別養護老人ホーム仙台楽生園に増設する形で、2005（平成17）年12月に開設した6階建ての高齢者総合福祉施設です。特別養護老人ホーム、短期入所生活介護事業所、ケアハウス、グループホーム、認知症対応型デイサービスセンター、訪問介護事業所、訪問看護事業所、居宅介護支援事業所、地域包括支援セ

図表4　仙台楽生園ユニットケア施設群　事業概要図

特別養護老人ホーム仙台楽生園	本館	長期入所	定員	50名
		短期入所	定員	4名
	ユニット館	長期入所	定員	40名
		短期入所	定員	16名
葉山地域福祉総合サービスエリア	楽園デイサービスセンター　いこい・なごみ		定員	10名・12名
	グループホーム　楽庵		定員	9名
	ケアハウス　創快館		定員	10名
	葉山地域交流プラザ	展望風呂　天空館		
		喫茶レストラン　茶楽		
		理容室　ggバーバー　美容室　美楽る		
		葉山予防リハビリセンター		
		葉山ボランティア活動センター		
		葉山の森おもちゃ図書館		
	葉山地域包括サービスステーション	葉山ヘルパーセンター		
		葉山訪問看護センター		
		葉山ケアプランセンター		
		葉山地域包括支援センター		

ンターなど介護保険サービスの10事業を展開しています。

　また、都市型・地域密着型・大規模多機能というちょっと変わったコンセプトで運営をしていますが、その中核として、「葉山地域包括支援センター」や「葉山地域交流プラザ」を運営し、施設開放事業を基本に、地域交流事業、地域支援事業、地域育成事業等を幅広く行っています。現在は、東日本大震災の教訓を生かして、さらなる地域福祉ネットワークの構築を目指しています。

③地域連携・家族連携の重要性

　当施設群では、東日本大震災前から近隣3町内会と防災協定を締結していました。これは、「災害に遭った時に相互に助け合う」という内容のものでしたが、どちらかというと施設側が助けてもらう意味合いの方が強かったと思います。緊急時の連絡を担う「駆付け隊」、6階建ての施設から避難を手伝う「おんぶ隊」、認知症の人などの避難者に対応する「見守り隊」などを組織していました。

　ところが、今回の東日本大震災では、1週間で延べ185人の地域住民が避難してくるなど、逆に助ける立場となり、地域住民の方々に大変感謝されました。当施設群のライフラインについては、電気、水道は数日間で復旧したのですが、都市ガスの復旧には1ヶ月以上かかり、食事の提供や入浴の提供が十分にできないなど大きな支障が出ました。

　お風呂は、旧施設のボイラーを使用し、重油が手に入った2週間後の時点で入浴できるようになりましたが、それでも1ヶ月近くは週1回のみの入浴を余儀なくされました。食事に関しては、全国規模の委託業者だったこともあり、何とか食材の確保ができたおかげで、通常食とは違うものの、3食とも食事を提供することができました。

　しかしながら、買い集めたものや配給されたカセットボンベはすぐ空

になり、燃料の調達に四苦八苦していたところ、町内会長が駆け付け
て、助けてくれたお礼にと近隣地域から薪や廃材を集めてくれました。
おかげで、毎食の調理を外でたき火をしながらすることができ、温かな
食事を提供することができました。その他、食料の差し入れや、利用者
の家族からオムツ等の支援物資をいただくなど、あらためて、地域連携
や家族連携の大切さを感じさせられました。

当施設群の被害状況

・人的被害：利用者　なし、職員　なし、職員の家族等の死亡また
　　　　　　は行方不明　6名
・建物被害：壁の亀裂、ドアのゆがみ、エアコンの室外機倒壊、ケ
　　　　　　アハウス室内の給湯器の倒壊等
　　　　　　※一部損壊（修繕見積り額　2,700万円以上）
・ライフラインの寸断：電気　3日間、水道　4日間
　　　　　　　　　　　（職員の自宅は居住地により1週間以上）
　　　　　　　　　　　都市ガス　35日間　（厨房：薪対応24日間、
　　　　　　　　　　　プロパンガス対応11日間、
　　　　　　　　　　　風呂：2週間以上入れず、途中から重油対
　　　　　　　　　　　応の旧施設で週1回入浴）

　上記の通り、当施設群も少なからず被害がありましたが、それまでの
法人内連携や地域連携、広域連携等により、何とか最初の1ヶ月を乗り
切ることができました。そうした「連携」の中で、さまざまな支援を受
けたり、支援をしたりして、いろいろ気づいたことなども含めて、これ
から述べていきたいと思います。

（5）災害対応時の法人内連携や施設・事業所間連携、自治体との連携、県内外・全国との連携

①利用者の安全と生活の継続

　第一に介護施設・事業所に求められることは、利用者の安全とその後の生活の継続です。そのためには、具体的な災害対応マニュアルや防災計画の策定が必要となります。早期に復旧・復興するためのBCPの策定も急務となります。施設・事業所単体では、難しい面もありますので、法人と連携して対応策を早めに検討する必要があります。そして、緊急時に実際に動けるように、さまざまな想定に基づいた避難訓練や現実的な防災教育を職員全員に行っておく必要があります。また、平時から、近隣小学校や町内会と防災訓練や避難訓練を合同で行ったり、災害対策会議を開催したりするなど連携しておくことが大切です。

　災害対策には、平時からの準備が何より大切です。物品等のハード面の整備はもちろんのこと、法人・施設・事業所内の体制整備や研修などの人材育成、BCPの策定や物品リストの作成、さらには、地域連携や他施設・事業所連携、広域連携などのソフト面の整備がより重要となります。

　例えば、機械設備や備蓄倉庫は１階に設置することが多いかと思いますが、津波や洪水のことを考えれば、一部は最上階に設置しておくことも、いざという時に役立つと思います。「想定をするな」と言う方もいらっしゃいますが、筆者はできる限りのあらゆる想定を行った上での対応が、災害対策の基本と考えています。そのためにも、「被害を想定できる」「痛みを想像できる」ように、職員教育の充実を図っていくことが重要です。

当法人で、震災後すぐに導入したもの

- 仙台市から福祉避難所へ防災無線の提供

  法人の基幹施設に1台のみを当施設群に設置

- 非常用電源として自家発電機の購入

  ガソリン式2機、カセットボンベ式2機を購入

- キャリア形成促進助成金を活用した防災士の養成

  法人幹部職員（災害対策ネットワーク委員）6名が資格取得

- 災害対策として法人内体制の整備と組織化

  危機管理規程や災害対策ネットワーク委員会会則の整備

  法人全体と施設・事業所別の事業継続計画（BCP）の策定

- 法人災害対策本部と災害対策ネットワーク委員会の設置

  災害対策本部長と災害対策ネットワーク委員長の兼務で平時
  からの連動

  部門ごとにエリア担当者（ネットワーク委員）、各施設・事
  業所に防災担当者を配置

- 各施設・事業所の所有物品リストを網羅した一覧表の作成

  災害時に備蓄品がわかるよう数量の把握、毎年防災の日に更
  新

- 近隣町内会や指定避難所（小学校）との合同訓練

  荒巻地域防災協議会との連携、防災研修・防災訓練への参画

- リスクマネジメント・防災対策・BCP研修

  外部講師を招いての図上訓練、防災に関する外部研修への積
  極的な参加

②介護施設・事業所は地域の災害支援拠点

　災害時には、否応なしに、介護施設・事業所は地域の災害支援拠点となることがあります。当施設群にも、今回の大震災では被災当日から約1週間で、地域住民が延べ人数で185人も避難してきました。それ以外にもライフラインが寸断したため、職員およびその家族も寝泊まりするなど、職員も合わせれば、いつもより3倍の人が施設で生活することになりました。ですから今後の対応としては、飲料水や食料の備蓄は3倍にするように指示しています。ここでも、近隣小学校や町内会との防災機器や備蓄品の相互提供などの地域連携が大切になってきます。さらに、福祉避難所としても延べ139人を受け入れ、定員外の利用でも南三陸町の要援護者を中心に延べ687人も受け入れるなど、約9ヶ月間で延べ1,011人も支援しましたので、自治体との事前協議や連携協定などの備えが必要と考えています。

当施設群の避難者受け入れ

地域住民からの避難者　185人　　3/11〜3/17　7日間

福祉避難所　139人　　3/16〜5/8　54日間（若林区）

定員外の受け入れ　687人　　4/4〜12/6　247日間（青葉区、南三陸町）

合計　1,011人　3/11〜12/6　271日間

（※うち、県外の南三陸町からの被災者受け入れ　延べ人数（日数）

　602人（日）実人数5人（男性2人、女性3人））

---

③災害時に求められる法人の役割

　施設・事業所が全壊したり半壊したりして事業の継続が危ぶまれる場合は、できるだけ早く施設・事業所の再建や事業を継続する旨の意思表

示を行い、利用者や家族はもちろんのこと、職員の不安も払拭しなければなりません。目先の経営だけで事業の廃止を早々と決断することは、社会福祉法人の理念である社会貢献の趣旨に反しています。勇み足にならないように、今後の支援状況と長期的な視点に立った施設運営を考慮し、その地域における社会的使命も勘案して適切な判断を行うことが肝要かと思います。

　また、法人、施設・事業所の役割として、利用者のために生活しやすい環境の確保と、職員のために働きやすい環境の確保を、あらゆる手段を講じて行う必要があります。現場は手一杯の状況ですので、法人の内外を問わず、フォーマル・インフォーマルを問わず、さまざまな社会資

災害対策を通じて気づいた支援の在り方と対応方法

- 人、物、金、情報のマッチング（DWAT等との連携）
  情報共有の在り方、コーディネーターの配置と連携システムの構築
- 備蓄（備蓄基地）と災害対策機器の整備
  地域連携、業者連係、施設連携、広域連携を通じての整備
- 事前にさまざまなセーフティネットを構築
  法人内・地域・自治体・福祉団体・専門職等とのネットワーク構築
- この大災害を風化させない方策
  人材教育と訓練、後世への礎となる記録や防災・災害教材の作成
- 命を守る生活をつなぐための意識改革
  法人の理念の浸透、福祉の使命、人としての倫理観の醸成

源を活用したり、開発したりするなど、人・物・金・情報を収集して適切に運用することが、最大の役割となります。そのためにも、平時から近隣地域や自治体と良好な関係を築き、全県的、全国的な連携システムを構築しておく必要があると考えています。

第3節　新型コロナウイルス感染症の経験に基づく感染症や災害への対応について

（1）この3年間で見えてきた新型コロナウイルス感染症対策の在り方

　自然災害と同様に、約3年前から急に始まった新型コロナウイルス感染症の感染拡大での対策も、介護施設・事業所でのリスク管理の一つとなっています。特にクラスター発生時に備えるためにも、BCPの策定は必須となります。

　介護現場では、検温や体調チェック、マスクの着用、手指消毒、換気の徹底、3密の回避、長時間・多人数での会議、行事、外出、面会等には十分に気をつけていますが、それでもいつクラスターが発生するかわからない状況下にあります。2021（令和3）年2月の時点では、高齢者施設のクラスターの発生数は1,000件を超え、全業種の約2割を占めており、これだけ利用者や家族、職員に我慢を強いながらサービスをしているにもかかわらず、飲食店や企業、医療機関、学校よりも多くの感染が発生し、クラスター発生件数は第1位となっていました。

　これまで介護施設・事業所の現場にいる私達は、高齢者の生命を守るために、利用者、家族、職員が協力して、感染予防策を徹底してきましたが、新型コロナウイルスによる利用者、職員の感染により、利用者の生命と暮らし、職員の生活や事業所の経営が脅かされています。地域社会では、新型コロナウイルスに感染した人やその家族に対する嫌がらせ、集団感染した職場への脅迫、差別的な言動が相次ぎ、社会的なスティグマ（差別）が発生しています。筆者が憂慮するのは、感染を過度に恐れる心が、人々の差別意識を生み出していることです。例えば、高齢者の中でも「認知症高齢者」とその家族が、「認知症による差別」と

「新型コロナウイルス感染による差別」という二重の差別や偏見にさらされ、社会的な分断が生じているということです。

　「自分は差別などしない」と誰もが思っているかもしれませんが、これまでの事態を見ると、差別しているのは、地域社会に住むごく普通の人達であり、真に恐れるべき対象はウイルスであって、決して感染した人達ではありません。感染は他人事ではなく、誰もが感染者になりえますので、他人事ではなく自分事として捉える必要があります。これは、認知症や自然災害についても同様のことが言えます。自分は認知症にならない、自分の施設・事業所は自然災害に遭わない、クラスターにならないと思っています。しかし、なってからでは遅いので、適切な予防対策等に力を入れ、発生した施設・事業所への理解と相互支援体制を構築して、利用者や職員の生命と人権を守っていくことが重要であると考えています。

（2）自然災害と新型コロナウイルス感染症による社会の分断から調和へ

　自然災害の猛威や新型コロナウイルスのパンデミック（感染爆発）によって、当初は分断や偏見、差別などがあったかと思います。しかし、これらの反省に基づいた上で協調と調和に昇華させる力が人間にはあると思います。フェイクニュースや同調圧力に屈することなく、これまでの蓄積や経験、さらには社会的・科学的な根拠（エビデンス）に基づいた冷静な判断や対応が求められています。ウィズコロナの今だからこそ、誰もが当事者意識を持ち、共に助け合って生きることのできる共生社会を体現していくことが肝要であると考えています。

　人の気持ちに寄り添った、自然災害やパンデミックなどに対応できる体制を事前に構築しておくことが、職員や利用者はもちろんのこと、地

域社会全体の安心・安全につながるのではないかと考えています。この十数年間は、さまざまな分断にさらされた時代ではありますが、私達にとってさまざまな気づきを得た期間でもあります。この経験を無駄にすることなく、協調と調和のとれた寛容な社会の実現と、徹底した危機管理対策の構築が急がれます。

図表5　自然災害・新型コロナウイルス感染症におけるさまざまな分断

自然災害	新型コロナウイルス感染症
・　安否確認・有益な情報の分断 ・　ライフライン・支援物資の分断 ・　義援金の分配に関する分断 ・　支援する側とされる側の分断 ・　地域住民・縦割行政との分断 ・　健常者と障害のある人の分断 ・　各所属団体のエゴによる分断 ・　経営者・施設長と職員の分断	・　感染地域との分断 ・　事業者間の分断 ・　世代間の分断 ・　情報錯そうによる分断 ・　病院・施設入所者と家族の分断 ・　在宅サービスの分断 ・　医療と介護の分断 ・　各所属団体のエゴによる分断 ・　感染者と感染していない人の分断 ・　差別・偏見による分断

BCPを運用するために必要な職員の意識改革や「連携」の重要性

（1）平時からの防災教育や人材育成の重要性

　2016（平成28）年8月30日に岩手県に上陸した台風10号は、介護施設に甚大な被害をもたらしました。岩泉町では川が氾濫し、近くの高齢者グループホームで9名もの犠牲者が出ました。この直接的な原因は、短時間での記録的な豪雨ですが、これ以外に人的な要因も被害を大きくしたと思われます。

　気象庁においては、雨量が「数十年に一度」のレベルに達していたのに「特別警報」の発表が見送られ、岩泉町では、午前中に「避難準備情報」（当時）は出していたものの、「避難指示」や「避難勧告」（いずれも当時）を出していませんでした。さらに、このグループホームでは「避難準備情報」が出ていたのは知っていたものの、高齢者や体が不自由な人が避難を開始する目安であるということを知りませんでした。「避難準備情報」の知識があれば、全員が助かっていたかもしれません。

　これは、天災なのか人災なのか意見の分かれるところですが、この地域は、以前にも川が氾濫し洪水があった場所であり、自治体作成の「ハザードマップ」からも水害リスクや災害リスクは十分に察知できたはずです。また、「避難準備情報」が出ていたのにもかかわらず職員が一人しかいない職員体制や、隣にある同法人の3階建ての老人保健施設の利用者は全員助かっているのにグループホームには応援がなかった連携体制等にも問題はありますが、少なくとも関係者が事前に想像を働かせて対応していれば防げた惨事かもしれません。だからこそ、地域の実情に応じた災害想定を行い、防災教育や人材育成を徹底していく必要があります。

　この件などをきっかけに、「避難勧告等に関するガイドライン」が改定され（2017（平成29）年1月）、「避難準備情報」が「避難準備・高齢者等避難開始」に名称変更されたことで、高齢者等が避難を開始する段階であるということが明確になりわかりやすくなりましたが、これらを職員や地域住民に周知していくことが何より大切です。また、平時から施設・事業所内での意識改革を行うために、BCPの研修や訓練を計画的に実施していく必要があります。なお、その後「避難勧告等に関するガイドライン」については、令和元年台風第19号等を踏まえ、法改正等があり、「避難情報に関するガイドライン」に名称変更されました。その中で、「避難準備・高齢者避難開始」等の名称や内容も変更となっており、下記の通り「高齢者等避難」の段階がより明確になっています。

図表6　「避難情報に関するガイドライン」による警戒レベルの一覧表（抜粋）

避難情報等	居住者等がとるべき行動等
【警戒レベル5】 緊急安全確保 （市町村長が発令）	●発令される状況：災害発生又は切迫（必ず発令される情報ではない） ●居住者等がとるべき行動：命の危険　直ちに安全確保！ ・指定緊急避難場所等への立退き避難することがかえって危険である場合、緊急安全確保する。 　ただし、災害発生・切迫の状況で、本行動を安全にとることができるとは限らず、また本行動をとったとしても身の安全を確保できるとは限らない。
【警戒レベル4】 避難指示 （市町村長が発令）	●発令される状況：災害のおそれ高い ●居住者等がとるべき行動：危険な場所から全員避難 ・危険な場所から全員避難（立退き避難又は屋内安全確保）する。
【警戒レベル3】 高齢者等避難	●発令される状況：災害のおそれあり ●居住者等がとるべき行動：危険な場所から高齢者等

（市町村長が発令）	は避難 ・高齢者等（※）は危険な場所から避難（立退き避難又は屋内安全確保）する。 ※避難を完了させるのに時間を要する在宅又は施設利用者の高齢者及び障害のある人等、及びその人の避難を支援する者 ・高齢者等以外の人も必要に応じ、出勤等の外出を控えるなど普段の行動を見合わせ始めたり、避難の準備をしたり、自主的に避難するタイミングである。例えば、地域の状況に応じ、早めの避難が望ましい場所の居住者等は、このタイミングで自主的に避難することが望ましい。

（出典：「避難情報に関するガイドライン」（令和3年5月）内閣府（防災担当））

（2）BCPを運用するための「連携」の重要性

　東日本大震災の当初も、国の事業で介護職員の派遣が進められましたが、宮城県は東日本大震災での被害が全体の約6割を占めるなど、あまりにも甚大な被害で、自治体や社会福祉協議会の機能が一時マヒしていました。これらが原因で、宮城県内ではマッチングがうまく行かず介護ボランティア等の人材派遣が滞っていた状況にありました。そのような関係で、さまざまな福祉団体から筆者に、人材派遣の調整や災害支援の要請を依頼してくるケースが多くなっていきました。また、筆者としても社会的使命として被災地を支援したいという想いがあり、沿岸部の被災施設へ支援物資の提供や、被災者受け入れ施設への介護ボランティア派遣を中心とした災害支援を行いました。

　全国の皆様からご協力をいただいた介護職員の派遣や支援物資、義援金の提供以外にも、復旧復興のための調査や福祉医療機構と連携した相談会を実施し、さらには大災害に備えた広域連携システムや相互支援ネットワークの構築、人材育成にも力を注いできました。

筆者が東日本大震災時からこれまでに担った役割（1）

平成23〜24年度（2011〜2012年度）災害支援・復興支援で担ったもの

・全国社会福祉法人経営者協議会　東日本大震災復興対策会　委員　現地復興対策本部長
・全国社会福祉協議会　社会福祉施設協議会連絡会　宮城県義援金配分委員会委員
・全国認知症介護指導者ネットワーク　災害支援連携チーム　総合対策本部長
・日本認知症グループホーム協会　災害対策特別委員会　副委員長　宮城県現地災害対策本部長
・日本福祉大学提携社会福祉法人　介護ボランティア派遣受入コーディネーター
・北海道・名古屋市・愛知県・京都府・福岡県筑後地区・筑豊地区の各老人福祉施設協議会および鹿児島県・熊本県の各社会福祉法人経営者協議会　介護ボランティア現地コーディネーター
・宮城県老人福祉施設協議会（職員派遣）災害対策本部長　復興対策委員会アドバイザー
・仙台市老人福祉施設協議会　災害救援対策委員会　副委員長　連携システム構築チームリーダー
・仙台市社会事業協会　災害対策本部長　災害対策ネットワーク委員会　委員長

　たまたま筆者が複数の団体の災害支援担当者になったことで、福祉団体等にとらわれない相互支援を実施することができ、その中で多くのことに課題や気づきを得ました。そこで、今後はこれを個人が中心になるのではなく、自治体や社会福祉協議会などの公的な機関が中心となり、福祉団体や専門職団体などを統合した相互支援体制を構築しておくべきと考えました。

筆者が東日本大震災時からこれまでに担った役割（2）

平成24年度〜現在（2012年度〜現在）広域連携・地域連携で担ったもの

- 日本福祉大学　災害時の連携・支援の在り方検討委員会　委員
- 宮城県社会福祉法人経営者協議会　災害対策委員長
- 日本福祉大学大学院　福祉サービスマネジメント特講（災害福祉）　ゲスト講師
- 仙台市老人福祉施設協議会　災害対策本部　青葉東支部長
- 宮城県社会福祉協議会　災害福祉広域支援ネットワーク設立および宮城県災害派遣　福祉チームの設置・運営等に関する検討会　座長
- 宮城県社会福祉協議会　宮城県災害派遣福祉チーム活動マニュアル検討会座長
- 宮城県老人福祉施設協議会　災害派遣介護チーム人材養成基礎研修　災害派遣支援活動コーディネーター養成研修　災害派遣介護チーム員スキルアップ研修　福祉避難所開設・運営研修　講師
- 東北福祉大学（宮城県委託事業）　宮城県災害派遣福祉チーム員養成研修　基礎研修　スキルアップ研修　講師
- 荒巻地区「個性ある地域づくり計画」策定委員会　アドバイザー
- 荒巻安心タウン構築（推進）委員会　委員長
- 荒巻地区まちづくり委員会　委員　荒巻地区福祉向上委員会　副委員長
- 宮城県　新型コロナウイルス感染症対策介護ワーキンググループ　委員
- 宮城県保健福祉部新型コロナ調整室　高齢者施設等支援チームミーティングメンバー

平成23年度〜現在（2011年度〜現在）厚生労働省・文部科学省関係で担ったもの
（厚生労働省老人保健健康増進等事業）

- （平成23年度）全国コミュニティライフサポートセンター　震災における要援護者支援のあり方に関する調査研究事業　専門職ボランティア派遣のコーディネートのあり方研究部会　委員　福祉避難所の運営と支援方法に関する研究部会　委員
- （平成23年度・24年度）日本認知症グループホーム協会　認知症グループホームにおける災害時対策に関する研究事業委員会　委員
- （平成23年度）認知症介護研究・研修東京センター　東日本大震災時の認知症高齢者の行動と介護スタッフの対応に関する実態調査研究検討委員会　委員

・（令和2年度）一般財団法人日本総合研究所　高齢者施設における非常災害
　対策の在り方に関する研究事業検討委員会　委員
・（令和3年度）一般財団法人日本総合研究所　介護施設等の防災・減災対策
　の在り方に関する研究事業検討委員会　委員
・（令和4年度）一般社団法人日本医療福祉建築協会　介護施設等の職員に必
　要な防災・減災対策の知識に関する調査研究事業専門家委員会　委員
（その他）
・（文部科学省平成25年度事業）東北福祉大学　災害時要援護者支援体制の推
　進による防災機能の強化プロジェクト実施委員会　委員
・（令和2年度厚生労働省委託事業）株式会社三菱総合研究所　介護施設及び
　介護事業所における感染症対策力向上支援事業　感染症対策力向上支援業務
　のプログラムや研修教材等ワーキンググループ（居住）委員

（3）広域的な「連携」づくりの必要性

　全国的に見ても、福祉団体や専門職団体が、それぞれ個別の支援システムを構築中または検討中でしたが、被災地での経験も生かした宮城県ならではの相互支援システムが必要との結論に至り、筆者も活動を始めました。具体的には、地域の支援体制だけでは対応できない大規模災害時に、DMAT（災害派遣医療チーム）と同様の、DWAT（災害派遣福祉チーム）やDCAT（災害派遣介護チーム）など、現場に急行できる福祉や介護の支援チームの創設です。そして、これらの連携システムをBCPに組み込み、運用していくことが重要となります。

　今後の災害発生に備え、災害発生時に開設される避難所や福祉避難所において、良好な避難環境を設定するための調整を行い、避難所運営の円滑化を図ることなどを担うDWATを創設することを、さまざまな福祉団体や専門職団体から要望書として国に提出されたことをきっかけに、東北各県での対応も始まりました。

　宮城県でも、宮城県社会福祉協議会が事務局となり、2015（平成27）

年に「災害福祉広域支援ネットワーク設立および宮城県災害派遣福祉チームの設置・運営等に関する検討会」が開催されました。その座長に筆者が就任して、約2年をかけて取りまとめたものが、「宮城県災害派遣福祉チーム（DWAT）活動マニュアル」です。

　災害発生時において、高齢者・障害者等、支援が必要な方々に対して緊急的に対応を行えるように、宮城県や県社会福祉協議会および社会福祉施設等の関係機関・団体が一体となり、「宮城県災害福祉広域支援ネットワーク協議会」を設置して、「宮城県災害派遣福祉チーム（宮城県DWAT）」を派遣できるようにしています（図表7）。

　東日本大震災からの復旧および復興には、膨大な労力と相当数の時間がかかっており、中長期的な視点でのバックアップ体制も必要です。被災者の命を救うDMATと違い、DWATやDCATは緊急派遣チームとしての任務だけでなく、被災者の命を守り生活をつなぐという役割も持っています。

　全国的に見ても、全ての県でDWATやDCATが創設されているわけ

図表7　災害福祉広域支援ネットワークの組織体制「宮城県災害派遣福祉チーム」

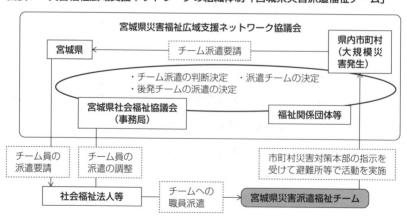

（出典：「宮城県災害派遣福祉チーム（宮城県DWAT）活動マニュアル」）

ではなく、仮にあったとしても研修や訓練も含めた体制整備は、まだまだ不十分ですので、大災害に備え、早急に整備していく必要があります。

　まずは、法人内や近隣施設、自治会などの地域内ネットワークを、次に、県内の内陸部や沿岸部などのエリアネットワークを、さらに、県単位でのネットワークを、そして最終的には東北などブロック単位でのネットワークや全国単位のネットワークが構築されれば理想的です。しかし、これらのネットワークは地域や都道府県によって差があります。ただ、どの地域においても他力本願で待っているわけにはいきませんので、できているところまでの連携システムをBCPに組み込み、運用していくことが重要です。

図表8　重層的ネットワークと階層別コーディネーターのイメージ図

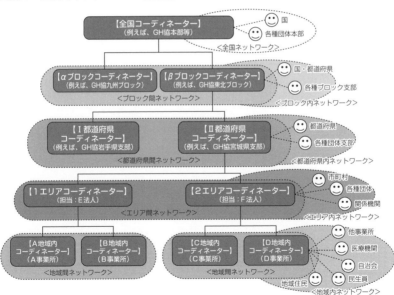

（出典：平成24年度老人保健事業推進費等補助金（老人保健健康増進等事業）「認知症グループホームにおける災害時対策に関する調査研究事業報告書」2013年３月　日本認知症グループホーム協会）

また、例えば図表8の各ステージでの連携が担えるコーディネーターやリーダーの育成も急務です。これは、被災地に応援派遣する際の調整役として、派遣する側も受け入れ側にも必要です。被災状況や応援職員等の情報を共有して円滑に支援するための必須要件となります。

第1章

BCPを作成・運用していく ための実践

BCP作成時に行う施設・事業所の 周りのリスクや社会資源の把握

（1）BCPの計画作成の目的と適用範囲

　BCPの計画作成には、まず施設・事業所の立地条件や入所者特性、運営方針と整合性のとれた目的を記載します。また、施設・事業所の規模や利用者数等に応じた計画を作成する必要がありますので、この計画の適用範囲を記載します。介護施設・事業所に義務づけられている「非常災害対策計画」や「消防計画」のほか、浸水や津波、土砂災害等の災害警戒区域等に立地する場合には「避難確保計画」も含めた一体的な策定も効果的です。

■計画の目的や対象範囲等のチェックリスト

	確認事項	チェック
1	他の防災計画と一体的に作成しますか。 （例）・非常災害対策計画、消防計画、避難確保計画	
2	この計画を作成する目的をどのように位置づけていますか。 （例）・洪水時等における利用者の安全な避難の確保を図ること 　　　・災害の防止と利用者及び職員の生命の安全確保を図ること 　　　・業務継続計画（BCP）と一体的に策定し、特に生命の安全確保を図るための避難と、業務継続に関する内容に特化した計画とすること	
3	この計画の対象範囲を誰と設定しますか。 併設・隣接事業所と一体的に作成しますか。 法人本部と各施設・事業所とで一体的に作成しますか。 （例）・当施設・事業所の利用者及び職員（家族等を含む）、近隣住民 　　　・当法人（併設事業所○○を含む）に勤務する者及び利用者	
4	この計画で対象とする災害の範囲をどのように設定しますか。 （例）・浸水想定区域に立地しているから「対象とする災害を津波とする。」 　　　・業務継続計画（BCP）と一体的に策定し、防災全般をまかなう計画とするから「地震災害、洪水、火災とする。」	

		チェック
5	災害発生時に応援が可能な人数を把握していますか。 (例)・当法人内の職員、地域住民や行政、関係団体等の外部支援者	

(「令和2年度老人保健事業推進費等補助金（老人保健健康増進等事業）『高齢者施設における非常災害対策の在り方に関する研究事業』高齢者施設・事業所における避難の実効性を高めるために―非常災害対策計画作成・見直しのための手引き―」（令和3（2021）年3月　一般財団法人日本総合研究所）をもとにBCP向けに筆者作成。以下のチェックリストも同様。）

（2）施設・事業所の立地条件の把握と災害予測

　施設・事業所の立地場所（周囲の環境）によって、予測する必要のある災害も異なります。施設・事業所がどんな場所に建っているのか、どんな災害の危険性があるかをしっかり把握することが大切です。各市町村の防災担当課や土木担当課には多くの防災情報がありますので、市町村が作成するハザードマップ等を入手し、施設・事業所の立地条件について確認しておきます。

■立地条件やリスクのチェックリスト

	確認事項	チェック
1	自分の施設・事業所の立地条件を確認していますか。 （「避難確保計画」作成義務に該当する場所に立地している施設・事業所ですか。）	
2	市町村が作成している地域防災計画やハザードマップを定期的に確認していますか。	
3	近隣に川が流れていますか。その川には堤防がありますか。過去に氾濫したことはないですか。	
4	近隣に山がありますか。過去に土砂災害等が発生したことはないですか。崩れやすい地層でないかを確認しましたか。	
5	周囲より低い場所にありますか。過去に浸水被害が発生したことはないですか。	
6	過去に液状化被害が発生したり、道路の寸断等により孤立したりしたことはないですか。	

7	建物の被害リスクや危険個所について、定期的に把握していますか。	
8	施設・事業所の立地環境や建物等の災害リスクについて、防災の専門家等から助言を得る機会はありますか。	

（3）施設・事業所の設備の理解、安全対策（通信手段の確保を含む）

　施設・事業所の設備の理解、安全対策を踏まえ、利用者の適切な避難方法や避難場所、避難を開始するタイミングや判断の考え方を検討します。災害時に建物等の損傷や家財の転倒、ガラスの飛散が起こる可能性がありますので、平時から安全対策をしておきます。停電時には、ラジオ、携帯電話等を活用して情報収集することになりますので、事前に必要な数の乾電池やバッテリー等を用意しておきます。

■火災対策のチェックリスト

	確認事項	チェック
1	全職員（新人、非常勤、派遣社員、外国籍の職員等を含む）が消火設備（消火器、スプリンクラー等）の設置場所を把握していますか。	
2	消火設備（消火器、スプリンクラー等）の有効期限等を定期的に確認していますか。	
3	ガス漏れ警報器の稼働状況を定期的に確認していますか。	
4	建物内にある非常電源、火災報知器、スプリンクラー、水道やガスの元栓等を示した配置図を作成していますか。	

■地震対策（建物の安全確認、落下物等の対策）のチェックリスト

	確認事項	チェック
1	耐震化診断を受けていますか。その結果に基づいて、補強計画を立てていますか。	
2	アンテナを針金で補強する等して転落防止策をとっていますか。	

3	屋根瓦、サッシ等の点検、補修をしていますか。	
4	門、塀、ブロック塀等倒壊防止や補強工事を行っていますか。	
5	備品等の転倒防止策をとっていますか。金具等で固定しています か。（机、ロッカー、書棚、冷蔵庫等）	
6	天井からの落下物対策をとっていますか。鎖等で補強しています か。（照明器具（シャンデリア）、壁掛け時計等）	
7	高いところに物を置いていませんか。入所者（利用者）に注意を促 していますか。	
8	出入り口や非常口に物を置いていませんか。入所者（利用者）に注 意を促していますか。	

■風水害対策、浸水対策のチェックリスト

	確認事項	チェック
1	情報機器（テレビ、ラジオ、PC等の通信機器）を上階に置いてい ますか。	
2	長時間の浸水に備え、食料や飲料水、生活用品、衛生用品などの備 蓄品や、自家発電機等の備品を上階に置いていますか。	
3	定期的に、排水溝のごみ、泥を除き、排水の点検を行っています か。	
4	定期的に、強風によって木の枝が折れないように、樹木のせん定を 行っていますか。また、物が飛散しないように点検していますか。	

■停電対策のチェックリスト

	確認事項	チェック
1	ライフラインが途絶えた場合を想定して、電気や水道等の通常の使 用量を把握し、代替手段を確保できるように備えておきましょう。	
2	非常用自家発電設備を備えていますか。	
3	非常用自家発電設備がつながっている機器、容量、連続運転稼働時 間を把握していますか。	
4	非常用自家発電設備の定期点検を行っていますか。	

5	全職員が非常用自家発電設備の稼働方法を理解していますか。 （新人、非常勤、業務委託先、外国籍の職員等）	
6	全職員がブレーカーの場所を把握していますか。 （新人、非常勤、業務委託先、外国籍の職員等）	
7	停電時の通信手段を確保していますか。	
8	全職員がそれらの通信手段の利用方法を理解していますか。 （新人、非常勤、業務委託先、外国籍の職員等）	

■共通対策のチェックリスト

	確認事項	チェック
1	施設・事業所の設備等について定期的な点検や、確認日を設けていますか。	
2	避難訓練や実際の災害時対応を通じて、設備や備品等の確認、見直しを行っていますか。	
3	災害に関する情報を入手できる機器等を備え、実際に利用することができますか。	
4	複数の通信手段（電話、携帯、メール、SNS等）を確保していますか。	

（4）BCP作成のポイント

　BCP作成や見直しを行う際には、施設・事業所の周りのリスクや社会資源をチェックし、環境の把握を行った上で、右記のBCP作成のポイントに留意して、施設・事業所の特性に応じたBCPを作成します。

BCP作成のポイント

【1】正確な情報集約と判断ができる体制を構築

- 災害発生時の迅速な対応には、平時と緊急時の情報収集・共有体制や、情報伝達フロー等の構築がポイントとなります。そのためには、全体の意思決定者を決めておくこと、各業務の担当者を決めておくこと（誰が、何をするか）、関係者の連絡先、連絡フローの整理が重要です。

【2】自然災害対策を「事前の対策」と「被災時の対策」に分けて、同時にその対策を準備

- 事前の対策（今何をしておくか）
  - ・設備・機器・什器の耐震固定
  - ・インフラが停止した場合のバックアップ
- 被災時の対策（どう行動するか）
  - ・人命安全のルール策定と徹底
  - ・事業復旧に向けたルール策定と徹底
  - ・初動対応　①利用者・職員の安否確認、安全確保　②建物・設備の被害点検　③職員の参集

【3】業務の優先順位の整理

- 施設・事業所や職員の被災状況によっては、限られた職員、設備でサービス提供を継続する必要があることも想定されます。そのため、可能な限り通常通りのサービス提供を行うことを念頭に、職員の出勤状況、被災状況に応じて対応できるよう、業務の優先順位を整理しておくことが重要です。

【4】計画を実行できるよう普段からの周知・研修、訓練

- BCPは、作成するだけでは実効性があるとは言えません。危機発生時においても迅速に行動が出来るよう、関係者に周知し、平時から研修、訓練（シミュレーション）を行う必要があります。また、最新の知見等を踏まえ、定期的に見直すことも重要です。

（厚生労働省老健局「介護施設・事業所における自然災害発生時の業務継続ガイドライン」より抜粋）

職員の意識改革を行い、組織的にBCPを策定する

　施設・事業所における災害対策を推進するには、施設・事業所だけで対応するのではなく、法人として防災並びに減災に取り組むことが重要となります。筆者の法人では、法人全体で有機的に連携し、利用者と職員の安全確保と、事業所の早期復旧を図ることを目的に、「災害対策ネットワーク委員会」を設置しました。

（1）法人内に委員会を設置するプロセス

①取り組むきっかけ

　東日本大震災では、被害の少なかった仙台市においても、ライフラインが、電気や水道で数日間、都市ガスで約1ヶ月間ストップしました。物資の融通や人員の調達においては、事業所間で多少の連携は見られました。しかし、各施設・事業所の設備機器や備蓄品を把握した相互提供、並びに、事業所間の勤務調整を行った上での職員配置など、法人全体の連携システムがあったならば、もっと有効な対策が打ち出せたのではないかと感じました。

　さらには、宮城県内の災害支援を行っていた関係から、各法人の備えと施設・事業所間の連携の在り方によって、被災の大小や復旧・復興のスピードが違うことに気づかされました。あらためて、施設・事業所単体での取組みよりも、法人全体での取組みの方が有効であるとの示唆を得ました。

②法人への根回し

　災害発生時には、法人全体での対応が不可欠であり、その実現に有効

な手段として、災害対応の委員会の設置をすべきであると法人事務局に提案しました。それだけでは法人の取組みとしては弱いので、以前からの懸案であった他の委員会の設置も併せて提言することにしました。法人運営体制・委員会実施要項を作成し、管理職者会議や理事会の承認も得て、「災害対策ネットワーク委員会」を設置する運びとなりました。

③実効性のある委員会

　ここで留意した点は、それぞれ、各事業をある程度把握している施設長、副施設長クラスを選定し、各部門から均等に委員を選出することです。それから、委員会設置の目的と、法人での位置づけを説明し、委員辞令の発令も行うなど、この委員会の重要性を強く啓発しました。また、委員会開催日を明確にして最低限の開催日数を確保した上で、具体的な課題に取り組めるようにもしています。もちろん、必要性があれば何度でも開催することを可能としています。

（2）災害対策ネットワーク委員会の推進プロセス
①災害リスクの課題抽出

　被災の少なかった仙台市に住んでいる当法人の職員にとって、東日本大震災での大災害での本当の悲惨さを理解するのは、とても難しいことではないかと感じていました。そこで、全国認知症介護指導者ネットワークで作成した災害対応DVDを活用し、災害リスクの課題抽出を行いました。被災地の最前線で奮闘した介護実践者の生の声や映像を視聴することにより、さまざまなリスクや課題に気づくことができたのではないかと思います。

②基本方針

　課題抽出された内容について、優先順位を決めて取り組むわけです

①災害リスクの課題抽出

①通信手段の確保

②初期判断、初期対応（避難、照明）

③災害対策を時系列で作成する（BCP策定）

④被害状況（情報収集の仕方）

⑤職員、利用者の安否確認

⑥家族・自治体等への情報発信の仕方

⑦食糧・水の確保

⑧ガソリン・灯油（熱燃料）

⑨通勤手段の確保（バス・電車・車）

⑩指定避難所と福祉避難所（地域）とのすみ分け

⑪自治体・各福祉団体との連携

⑫指示系統を伝達（事業所ごとの担当をはっきり決める）

⑬法人としての対応（役割）、事業所の対応（役割）

⑭職員へのメンタルケア

⑮防災教育（人材育成）

⑯システムの構築

⑰訓練の在り方（地域、事業所ごと）

⑱必要なデータベースを管理（持ち出す物をデータ化する）

⑲外出時の緊急対応物品（袋）

②基本方針

法人内外との連携を強化し、法人としての防災や災害対策、危機管理システムの構築を図るとともに、災害時相互支援ネットワークを推進するため、③の事業骨子をもとに対策を検討していく。

③事業骨子および直近対策と役割分担

A：各事業所の対策

各事業所において災害時に即応できる体制の整備

①事業所ごとの災害対応マニュアルの作成と防災計画の見直し
　　⇒　各事業所

②BCP策定については、研修会に参加をしたノウハウを生か
　し、まずは仙台長生園内でモデルBCP策定をし、その後他
　事業所に進めていく。⇒　担当：仙台長生園

③【教本】「高齢者福祉施設におけるBCP（事業継続計画）ガ
　イドライン（震災編）」（齋藤　實　著、東京都社会福祉協議
　会）

※法人にて教本テキストを購入し、各事業所でも検討しておく
　　⇒　各事業所

B：法人としての対策

法人内の災害連携システムの構築と人材育成

①事業所ごとに所有している備蓄品を法人内で有効活用できる
　体制を整備するために、まずは各事業所の備蓄品をリスト化
　する。⇒　担当：仙台楽生園

②災害対策としてDVD等を活用し、防災教育や災害対策研修
　を実施する。

C：法人外機関との対応

他機関との災害時相互支援ネットワークの構築

①広域ネットワークについては、日本福祉大学との連携のもと
　に準備を進める。⇒　担当：委員長、副委員長

②相互支援ネットワークの構築として、地域や各種団体等との
　連携を検討する。

が、その前に、この委員会として、各々の委員が同じ目線で、同じ目的を持って活動できるように、課題抽出を参考にして、基本方針を策定しました。

③事業骨子および直近対策と役割分担

そして、災害対策ネットワーク委員会で協議を重ね、3つの基本の事業骨子を策定しました。さらに、直近の対策とそれぞれ役割分担を決め、各施設・事業所の協力を得ながら、実効性のある災害対策を推進していくことになります。

（3）BCP策定までの流れと実際のBCPの紹介

当法人のBCPの策定の特徴は以下のような点になります。まず、法人内で研修を実施し意思統一を図った後、各施設・事業所から担当委員を

当法人のBCP策定の特徴

1. 法人内の意思統一

   研修会を実施して危機を共有する

2. 法人内に危機管理の委員会を設置

   さまざまな危機管理に関する内容を検討する

3. BCPの作成の内容

   法人用BCP、各施設・事業所用BCPを作成する

4. さまざまな連携を通じてBCPを補完

   ①地域住民・地域団体との連携

   ②福祉避難所・自治体との連携

   ③関係団体・他法人との連携

BCP策定・運用の具体的な流れ

1. BCP策定のためのアセスメント
   - 事業継続方針の検討
   - 想定する緊急事態とその被害想定の検討
   - 重要な事業、業務の選定と復旧期間の想定
2. 事業継続のための対策の検討
   - 重要な事業の継続や早期復旧のための対策
   - 法人や施設の組織体制の整備
3. BCPの文書化
   - 法人や施設・事業所のBCPの作成
   - 各種マニュアル・各種リストの作成
4. BCPの管理方法の検討
   - BCPの周知・研修・訓練の徹底
   - BCPの点検・見直し

募り、災害対策専門の危機管理の委員会を設置し、法人全体のBCPを策定しました。その後、法人全体のBCPと連動した各施設・事業所のBCPを作成し、施設・事業所間で連携できるとともに、地域住民や関係団体などとも連携するように工夫しています。

　次ページは、大規模地震を想定した当法人のBCPの目次です。このBCPは、東日本大震災後、早めに作成したため、非常災害対策計画や避難確保計画、消防計画とは、一体的に作成されていませんが、今まで説明したBCP策定の流れにより、実際に作成したものになりますので、参考にしてください（巻末の「資料編」に、BCPの本文も収録しています）。

<table>
<tr><td>第3節</td></tr>
</table>

BCPを運用するための
地域との連携

　大災害時は、施設・事業所のある地域全体が被災しますので、相互に
助け合う形の協力体制が必要です。また、連携して防災・減災に努める
ためには、普段から顔の見える関係を築いておくことと、会議や書面等
で連携システムを事前に構築しておくことが肝要です。

　地域の立地以外にも、地域住民や関係団体等にキーパーソンがいるか
どうかなど、その地域の特性に応じた協力体制を積極的に推進すること
が重要です。

　筆者の法人における、これまでの地域連携としては、「仙台楽生園ユ
ニットケア施設群」および「養護老人ホーム仙台長生園」を総称した
「葉山シルバータウン」と近隣町内会との共同による災害対策連携シス
テム「葉山シルバータウン近隣防災・災害協力協定」がありますので、
紹介します。

　また、当法人内事業所の一つである「葉山地域包括支援センター」を
中心として立ち上げた「荒巻地域ネットワーク構築委員会」の活動があ
ります。ここでは、仙台市の認知症マップ作成モデル事業の受託をきっ
かけに、「荒巻安心タウン構築委員会」を組織し、防災マップも併せて
作成しました。

　さらには、地域団体で構成する「荒巻地区まちづくり委員会」と連携
して「荒巻地区福祉向上委員会」を立ち上げ、災害時要援護者の支援に
ついても協議していますので、その活動も紹介します。

（1）「葉山シルバータウン近隣防災・災害協力協定」の再活用

　30年周期で到来する宮城県沖地震に備えて、東日本大震災の数年前に

近隣4町内会と協定を締結していましたが、会議や合同訓練等の開催までには至らず、連携内容は不十分で準備不足は否めない感じでした。

東日本大震災では、あらためて詳細を詰めておくことの重要性や、合同での防災訓練および避難訓練の大切さを痛感したところです。しかしながら、協定書については、次ページ以降に示すとおり具体的な内容となっていますので、今後も計画的に協議を重ね、より実効性のある運用をしていきたいと考えています。

この協定は、災害が起きた際に相互に助け合うというものでしたが、どちらかといえば施設側が助けてもらう意味合いの方が強いものでした。緊急時の連絡を担う「駆付け隊」、6階建ての施設から避難を手伝う「おんぶ隊」、認知症の人などの避難者に対応する「見守り隊」などを組織して、災害に備えていました。

ところが、東日本大震災では、1週間で延べ185人の地域住民が避難してくるなど、逆に施設側が助ける立場となり、地域住民にも大変感謝

図表9 葉山シルバータウン災害対策本部【組織図】

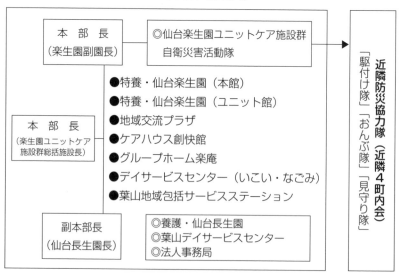

されました。しかしながら、協定は結んでいたものの、詳細を詰めていなかったため、さまざまな意味での困難が出てきました。地域住民は着の身着のまま避難してきたので、毛布が足りなかったり、食料が不足したり、また、こちらの受け入れ体制が整わなかったりと、課題も見えてきたのも事実です。

　今後はこの点も踏まえ、近隣防災・災害協力協定会議などを開催し、事前に相互の具体的な取り決めをしておく必要があると考えました。例えば、地域住民には、毛布や食料、緊急避難袋、懐中電灯などを持参していただくこともその一つです。

　筆者の施設（当施設群）でも、地域住民分の食料や必要物品の備蓄を行うとともに、避難者受付票や要援護者受け入れリストを用意し、スムーズな受け入れ体制を構築しておくことも必要ということがわかりました。また、普段から地域住民を交えた避難訓練や防災訓練を実施することも重要となります。

葉山シルバータウン近隣防災・災害協力協定書

　社会福祉法人仙台市社会事業協会が運営する仙台楽生園・仙台長生園を有する葉山シルバータウンと近隣町内会における防災・災害協力については、次のとおり協定を締結する。

第1条　町内会と葉山シルバータウンは、町内会（以下「甲」という。）に災害協力隊（以下「協力隊」という。）と葉山シルバータウンに災害対策本部（以下「乙」という。）を設置し、災害時における協力体制を構築するものとする。

第2条　この協定は、乙の入居（利用）者（以下「入居者等」という。）の生命および身体の安全確保と一時的な保護のため、乙の協力を得て、災害の予防と災害時の連携を図るものとする。

2　甲の地域住民の安全確保のため、乙は施設機能を開放し、災害の予防と災害時の連携を図るものとする。

第3条　この目的を達成するため、甲は次のような協力隊を組織するものとする。

2　協力隊の選任は町内会長に一任する。

3　協力隊の任期は1年とする。但し、再任は妨げない。

4　町内会長が改選された場合は、本協定は後任の会長に申し送りするものとし、乙は新任の会長及び新役員に対し、本協定を説明し、協力を仰ぐものとする。

5　協力隊を統括するため、協力隊に隊長及び副隊長を各1名置く。
　　隊長（町内会会長）　　　協力隊を統括する。
　　副隊長（町内会副会長）　隊長を補佐する。

6　協力隊は、駆付け隊・おんぶ隊・見守り隊の各任務部隊を組織する。
　　各部隊を統括するために隊長・副隊長を各1名ずつ置く。

第4条　協力隊は地震・火災その他災害による事故発生時の被害を最小限にとどめるため、乙が実施する防災訓練に参加し、入居者等の避難救助等について訓練を行うものとする。

2　協力隊は、乙の入居者等の身体状況、建物の構造等、施設の現況を把握するため、日頃からの交流や施設の行事にも積極的に参加し、協力体制の強化に努めるものとする。

3　乙は甲に対して、防災情報等を提供し地域住民の安全に努める。

第5条　災害時には可能な限り一時的な避難所として、シルバータウンの各施設に地域住民を受け入れる。ただし、仙台楽生園・仙台長生園は仙台市の福祉避難所に指定されているため、地域の要援護の避難者を優先とする。

第6条　協力隊は救出した入居者等や自力で避難階まで避難してきた入居者等を避難所及び指定された避難場所へ誘導・搬送すると共に、応急救護措置の補助等や見守りを行うものとする。（別紙）

第7条　施設は協力隊に対し、必要に応じ腕章及びビブス・防災ヘルメットを無償貸与する。

第8条　災害時には、甲・乙共に必要に応じて、防災備蓄資材や物品等を融通しあう。

第9条　この協定の有効期間は、協定を締結した日から一年毎の自動更新とする。ただし、甲または乙から協定に関する何らかの意思表示がある場合は双方協議のうえ、協定に関する事項を新たに定めるものとする。この協定を有効にするため、協定書を2通作成し、甲乙記名押印の上、各1通を

保有する。

災害協力隊各任務部隊

<駆付け隊>　素早く動ける方で連絡調整が得意な方。
　　　　　　連絡手段が遮断される状況もあるため駆付け情報収集を行
　　　　　　い、おんぶ隊・見守り隊に情報の提供を行い、葉山シルバー
　　　　　　タウン自衛災害協力隊と連携・調整を行う。

<おんぶ隊>　葉山シルバータウンの入居者等で自力での避難や移動が困難
　　　　　　な方の救助や誘導を行う。入居者等を抱える等の状況が想定
　　　　　　されるため20代〜50代の男性が望ましい。

<見守り隊>　葉山シルバータウンの入居者等を一時的に保護し安全な場所
　　　　　　へ移動する。また、認知症の入居者等が徘徊等による２次災
　　　　　　害が起きないように見守りをする。

（２）地域包括支援センターを中心としたネットワークの構築

　当施設群の事業所の一つとして葉山地域包括支援センターがあり、そ
の中に「荒巻地区担当圏域包括ケア会議」を活用した新たなシステムを
構築しました。

　災害時における要援護者の問題と認知症高齢者の問題は連動していま
す。認知症地域資源マップのモデル事業の受託に併せて「防災社会資源
マップ」も作成して、認知症高齢者を含む要援護者の利便性を勘案した
実用的なマップの作成を行いました。この過程を通じて、地域住民主体
の「福祉のまちづくり」を推進していくことも大きなねらいとなってい
ます。

①荒巻地域ネットワーク構築委員会の設置

　荒巻地域における福祉のまちづくりを目指し、事業の目的を達成する
ためにネットワーク構築委員会を設置し、事業を推進しています。

【事業の目的】

（1）地域住民が安心・安全に暮らせるように、セーフティネット
を構築します。

（2）高齢になっても認知症になっても、住み慣れた地域で継続し
て生活できるように、相互支援ネットワークを構築します。

図表10　荒巻地区担当圏域包括ケア会議と荒巻地域ネットワーク構築委員会の位置づけ

荒巻地区担当圏域包括ケア会議

【構成メンバー】（団体名（50音順））
青葉区保健福祉センター　　交番　　荒巻地区社会福祉協議
会　　荒巻地区町内会連合会　　荒巻地区民生委員児童委員
協議会　　内科　　葉山地域包括支援センター

委員選出 ⬇　⬆ 報告

荒巻地域ネットワーク構築委員会

防災社会資源マップ作成委員会	認知症地域資源マップ作成委員会
【構成メンバー】	【構成メンバー】
荒巻地区町内会連合会	荒巻地区町内会連合会
荒巻地区社会福祉協議会	荒巻地区社会福祉協議会
荒巻地区民生委員児童委員協議会	荒巻地区民生委員児童委員協議会
荒巻地区商店街	認知症対応型デイサービス
荒巻交番	認知症対応型グループホーム
荒巻小学校	居宅介護支援事業所（2事業所）
荒巻出張所・荒巻東・西分団	認知症家族
赤十字奉仕団	荒巻地区商店街

葉山シルバータウン
近隣防災・災害協力協定

荒巻小学校区
地域防災会議
あらまきmap

要援護者マップ作成委員会
【構成メンバー】（案）
荒巻地区町内会連合会、荒巻地区社会福祉協議会
荒巻地区民生委員児童委員協議会、葉山地域包括支援センター

　住民主体のネットワークを構築するために、地域関係団体が多数、参画している荒巻地区担当圏域包括ケア会議を活用しました。自らが地域課題について考えられるように、KPT法（ふりかえり法：Keep/Problem/Try）などのファシリテーションスキルを用いて、積極的な討論に導きました。

　その中で、二つの大きな課題が見えてきました。一つは、災害時における要援護者の問題、もう一つは、認知症高齢者の問題です。

②荒巻安心タウン推進（構築）委員会の設置と荒巻安心・安全タウンマップの作成

　認知症地域資源マップモデル事業をきっかけとして、地域防災社会資源マップと要援護者マップの作成を目標に、地域包括支援センターの職員と、町内会や地区社協、民生児童委員、地域の介護事業所、その他関係者が協働して「荒巻安心タウン構築委員会」を組織し、「荒巻安心・安全タウンマップ」づくりに取り組みました。

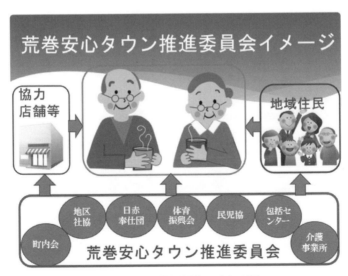

荒巻安心タウン推進委員会のイメージ図

マップ作成にあたり、最初に、BS（ブレインストーミング）法など
のコミュニケーションスキルを用いて、みんなで近隣にある社会資源の
洗い出しを行いました。お互いに知らなかったり気づかなかったりした
資源もあり、大いに参考になったようです。

　これらのマップは、平時であれ非常時であれ、障害者や高齢者、認知
症の人や家族に、地域にある社会資源を有効に活用してもらうことを趣
旨としています。そして、このマップ作成に地域住民が主体的に関わる
ことによって、誰にでも優しい認知症ネットワークや、防災ネットワー
クが自ら構築されることを目指しました。

　マップの「防災編」には、避難所や公園、井戸、食料品店など災害時
に役立つ地域資源を標記した「防災マップ」、「高齢者見守り編」には、
認知症の人に対して優しいお店や病院、福祉施設等を標記した「地域資
源マップ」と高齢者情報や認知症の知識等を掲載しています。

　このマップ作成に当たり、作成担当の地域住民の方々は介護事業所の

荒巻安心・安全タウンマップとステッカー

職員たちと町歩きを行うとともに、住み慣れた荒巻地域で安心して生活できるようネットワークづくりを行うべく、地域の商店や理美容院等に対して高齢者への配慮や声かけの依頼を行うこととしました。

　そして、それらを実施する協力施設や店舗には「安心タウンステッカー」を配布することで、地域の福祉資源として一目でわかるようにしつつ、高齢者やその家族、地域住民への周知も促すこととしました。

　このような積み重ねが、「荒巻地区まちづくり委員会」や「荒巻地区福祉向上委員会」に発展して、現在では地域での相互扶助システム「荒巻支え合いセンター」にバージョンアップしています。

（3）地域住民主体のネットワーク構築

　普段から施設・事業所と住民との関係性が良好な地域は、災害にも強

図表11　荒巻地区福祉向上委員会の目的とイメージ図

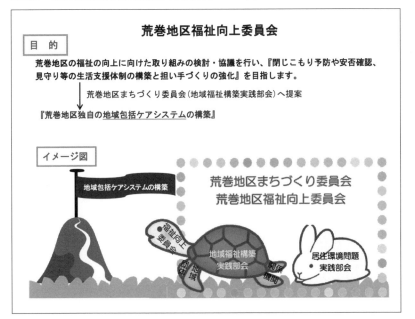

い地域といえます。施設・事業所の職員たちはできるだけ、地域の関係団体等の集まりには顔を出して、一緒に地域課題を解決していく姿勢が大切です。常日頃の地域交流や地域貢献を通じて、地域の方に必要と思われることが何より重要であり、課題でもありますので、その取組みを紹介します。

　当地域の連合町内会および地区の社会福祉協議会、民生委員協議会などの地域団体や自治体、葉山地域包括支援センター等で組織する「荒巻地区『個性ある地域づくり計画』策定委員会」に筆者も参画していました。さまざまな意見交換を経て、地域包括ケアの実現を目指す新たな地域づくり組織として「荒巻地区福祉向上委員会」を地域団体や自治体とともに設置しました。これまであった「荒巻安心タウン構築委員会」も包摂した、地域包括ケアのモデルとなるもので、仙台市や青葉区からも

図表12　荒巻地区福祉向上委員会・地域団体の関係図

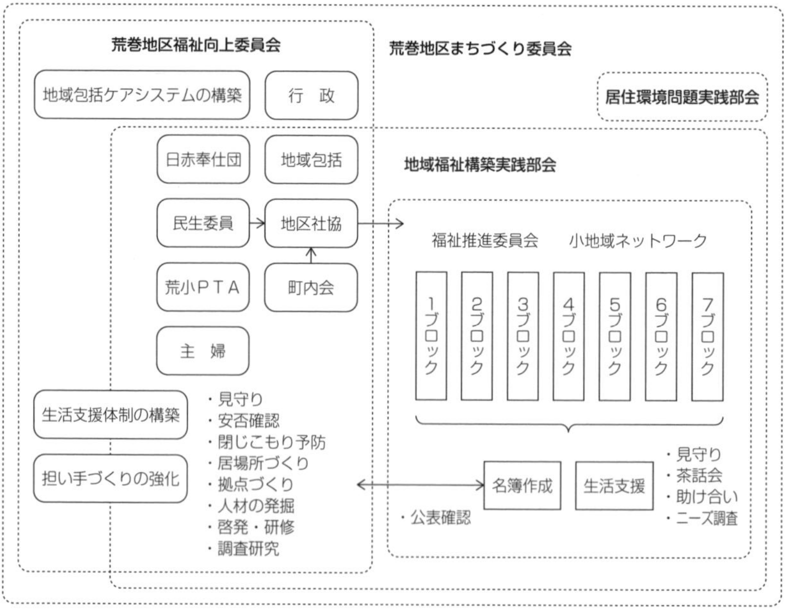

図表13　荒巻地区の福祉課題ツリー

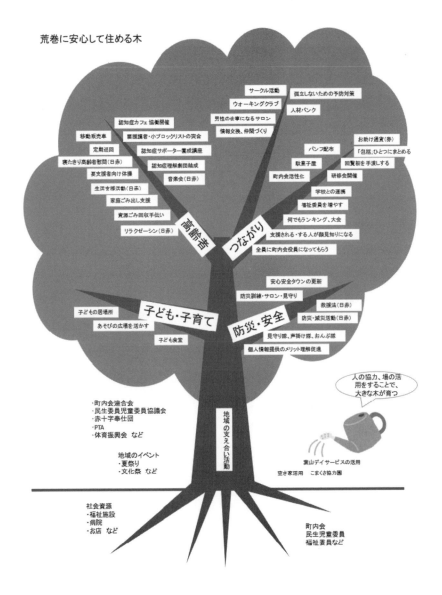

荒巻に安心して住める木

サークル活動　　孤立しないための予防対策
ウォーキングクラブ　　人材バンク
男性の仕事になるサロン
情報交換、仲間づくり

認知症カフェ 協働開催　　　　　　　　　　　　　　　　お助け通貨（券）
移動販売車　要援護者・小ブロックリストの突合　　　　　　　「包括、ひとつにまとめる
定期巡回　認知症サポーター養成講座　　パンフ配布
寝たきり高齢者慰問（日赤）　認知症理解劇団結成　　駄菓子屋　　　回覧板を手渡しする
要支援者向け体操　音楽会（日赤）　町内会活性化　　研修会開催
生活支援活動（日赤）　　　　　　　　学校との連携
家庭ごみ出し支援　　　　　　　　福祉委員を増やす
資源ごみ回収手伝い　　　　　　何でもランキング、大会
リラクゼーシン（日赤）　支援される・する人が顔見知りになる
全員に町内会役員になってもらう

高齢者　つながり

安心安全タウンの更新
防災訓練・サロン・見守り
子どもの居場所　　　　　　　　　　　　　救援法（日赤）
子ども・子育て　防災・安全　防災・減災活動（日赤）
あそびの広場を活かす　　見守り隊、声掛け隊、おんぶ隊
子ども食堂　　個人情報提供のメリット理解促進

防災・安全

人の協力、場の活
用をすることで、
大きな木が育つ

・町内会連合会
・民生委員児童委員協議会
・赤十字奉仕団
・PTA
・体育振興会　など

地域の支え合い活動

地域のイベント
・夏祭り
・文化祭　など

栗山デイサービスの活用
空き家活用　こまくさ協力園

社会資源
・福祉施設
・病院
・お店　など

町内会
民生児童委員
福祉委員など

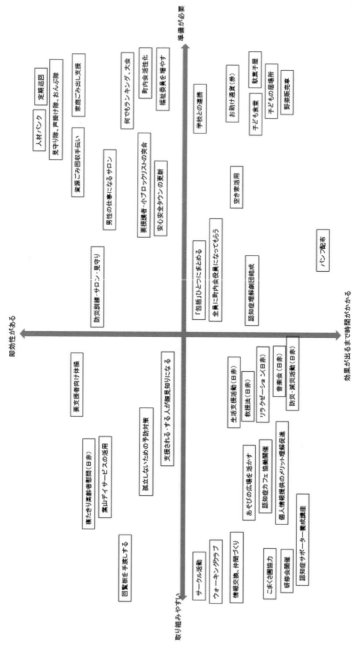

図表14 荒巻地区の福祉課題整理マトリックス

縦軸上： 準備が必要
縦軸下： 取り組みやすい
横軸左： 即効性がある
横軸右： 効果が出るまで時間がかかる

第一象限（準備が必要／即効性がある）
- 人材バンク
- 定期巡回
- 見守り隊・声掛け隊、おんぶ隊
- 廃棄ごみ出し支援
- 廃器ごみ回収手伝い
- 男性の仕事になるサロン
- 何でもランキング大会
- 町内会活性化
- 福祉委員を増やす
- 実践講座・小プロックリストの忘年会
- 安心安全タウンの更新

第二象限（準備が必要／時間がかかる）
- 学校との連携
- お助け通貨（券）
- 子ども食堂
- 子どもの居場所
- 駄菓子屋
- 野菜販売車
- 空き家活用
- 「包括」ひとつにまとめる
- 全員に町内会員になってもらう
- 認知症理解創団結成
- パン配布

第三象限（即効性がある／取り組みやすい）
- 防災訓練・サロン・見守り
- 実災害者向け体操
- 寝たきり高齢者削減（日常）
- 葉山デイサービスの活用
- 孤立しないための予防対策
- 支援される・する人が縦見割りになる
- 回覧板を手渡しする

第四象限（時間がかかる／取り組みやすい）
- 生活支援活動（日常）
- 救護法（日常）
- リラクゼーション（日常）
- 音楽会（日常）
- 防災・減災活動（日常）
- あそびの広場を活かす
- 認知能力カフェ協賛開催
- 個人情報提供のメリット理解促進
- ごみ（出置協力）
- 研修会開催
- 認知症サポーター養成講座
- サークル活動
- ウォーキンググラブ
- 情報交換、仲間づくり

56

図表15　事業を確実に行うためのロードマップ（例：平成30年度）

30年度後半のロードマップ

	10月	11月	12月	1月	2月	3月
ささえあいセンター		1日～開所 平日10～4時	平日10～4時	平日10～4時	平日10～4時	平日10～4時
認知症カフェ、劇団、サポーター養成講座	15日カフェ	12日カフェ	10日カフェ	カフェ休み	カフェ未定	11日カフェ
男の料理教室	22日 10～13時	26日 10～13時	24日 10～13時	28日 10～13時	25日 10～13時	25日 10～13時
見守り	6日以降、情報突合開始	フォロー体制構築	周知			
サロン拡充	現状取りまとめ	メンバー募集意向確認	事務局サロン予定（2週間に1回）	事務局サロン予定（2週間に1回）	事務局サロン予定（2週間に1回）	事務局サロン予定（2週間に1回）
人材バンク	16日アンケート内容確定	試験配布（モデル地区選定）、回収、分析				

期待され、約2年をかけてモデル事業に取り組んだ成果となっています。

①荒巻地区福祉向上委員会の取組み

　地域包括ケアシステムの構築を目指して、まずは生活支援体制の構築を行うこととしました。具体的には、地域住民の見守り、安否確認、ひきこもり予防、居場所づくり、拠点づくりの検討です。同時並行で担い手づくりの強化にも取り組むこととなり、そのためには、月2回の委員会を精力的に行い、さまざまな角度から検討を行いました。

　まず、最初に行ったのは地域課題の抽出で、意見の集約を行いました。その中で見えてきた大きな課題は、「高齢者問題」、「子ども・子育て問題」、「防災・安全問題」、そして「人とのつながり」の四つに集約されました（図表13）。これらを解決するには、地域の支え合い活動が重要であるとの意見が多数に上りました。

　次に行ったのは、課題の整理です。効果が出るまで時間がかかるのか否か、準備が必要なのか否かなど、マトリックスを用いて分類しました

（図表14）。そして即効性があり取り組みやすいものから実施することとしました。その後、各団体が、何を、誰に、どこで、どれくらい、誰が、いつから、どのように行うか活動予定表を作成して、実践に移していきました。

　また、当法人敷地内で、ちょうど事業閉鎖したばかりのデイサービスセンターの建物が空いていたので、地域で有効活用したらどうかと提案したところ、さまざまなアイディアが寄せられました。そこで、見通しが立つようにロードマップを作成し、確実に事業展開ができるように工夫しました（図表15）。

②荒巻支え合いセンターの創設

　荒巻地区福祉向上委員会の活動を通じて見えてきたことは、どのメニューを行うにも、人材確保と人材育成が必要であるということです。また、地域住民を支えるには、相互扶助が可能な支援システムとして「支え合いセンター」の創設が不可欠との結論に達しました。そこで最初に、地域住民に対して支え合い活動に関するアンケートを実施して、意識調査を行いました。その次は、地域住民に向けての人材募集と研修会などの啓発活動を積極的に実施しました。

　地域の中には、高齢者や障害者はもちろんのこと、地域で生活を送る上で困ったことや悩みを抱えている方が身近にたくさんいます。核家族化が進む中、困ったときには、福祉制度や介護サービスだけでは届かない、ちょっとした手助けが必要なことは多くあります。

　下記は、支え合い活動の具体案である「要援護者の安否確認や話し相手編」のフロー図です。

　高齢者等の日常生活を地域の身近な方々で見守ったり、支え合ったりすることが「支え合い活動」の基本となります。最近は、急激な核家族

図表16　支え合い活動の具体案

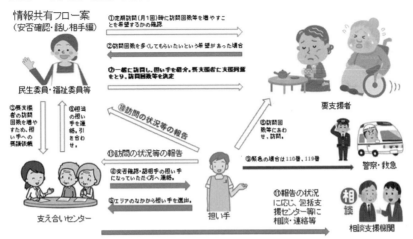

化やプライバシーの問題等で地域での「孤立」が発生しやすい状況にあります。孤立した状況が続くと「生きがい」を喪失して、日常生活に不安を感じることが多くなります。

　身近な地域での"支え合い"は、そうした不安な日々を、心温かい日々に変え、地域の方々とつながりを生み出します。これは、福祉のまちづくりのベースにもなり、共生社会の実現にもなりますので、介護施設・事業所の職員など福祉関係者も積極的に参画することが重要です。これらの活動を通じて、地域からも信頼されるようになり、施設・事業所を含む地域の安心・安全のネットワーク構築にもつながります。

　残念ながら、ここ3年間は、新型コロナウイルス感染症の影響で、ほとんどの地域活動やネットワーク活動が中断している状況なので、1日でも早く日常活動が取り戻せるように祈ると同時に、ウィズコロナでの活動を、関係者と工夫しながら、地域連携を推進していきたいと考えているところです。

第2章

BCPと災害に備えるための「連携」の在り方

介護施設・事業所内の多職種の職員で行うBCP、災害への備え

（1）職員の意識統一と課題の整理

　災害対策の基本は、まずは施設・事業所内での連携と、自法人内における連携です。

　筆者の施設（当施設群）では、30年周期で到来する宮城県沖地震に備え、「地域防災・安全対策委員会」というものを以前から組織していました。しかし、通り一遍の災害対策マニュアルや防災計画を作成しただけでは、東日本大震災のような大災害に対しては全く無力であることを痛感させられました。この経験から、実際に役立つものを作成しなければならないことと、それらを活用するためにも人材育成が大切であるということを再確認し、さらに、何より感じたことは、職員の意識の違いが大きいということでした。

　被災者を受け入れた時に、職員の都合を優先して考える者、これまでの入所者を優先して考える者、被災者を中心に考える者、混乱して何も考えられない者の4通りの職員が出現しています。そこでまず取り組んだことは、一人一人の考えがバラバラだった「地域防災・安全対策委員会」での意識の統一です。

　東日本大震災の災害対策DVDから気づきや課題（災害リスク抽出シート：図表17）を抽出してグループワークを行い、全体の意思統一を図ることとし、それを自分達の施設に置き換えてみて、想定される大災害についての課題と対策（災害リスク対策シート：図表18）について考えることから始めました。

　ここで出た意見や対策をもとに、避難器具や災害対策グッズ、緊急避難袋、発電機など必要物品の購入や、食糧備蓄の見直し、備蓄倉庫の増

図表17　災害リスク抽出シート

災害リスク抽出シート（総合課題）A

① 震災時、その時、私たち認知症介護指導者は	② 当時の利用者と家族への対応	③ 困ったことは、ライフラインの寸断
⑧ ネットワークの構築	全国認知症介護指導者ネットワーク製作 DVD 東日本大震災 ～認知症介護指導者の記憶～ 災害対策DVDを見て気付いたこと 感じたことを記入して下さい	④ 地域と行政の連携
⑦ 大災害をふまえての備え	⑥ 認知症の人と避難	⑤ スタッフの葛藤

図表18　災害リスク対策シート

災害リスク対策シート（総合対策）B

① あなた自身の役割と対応	② 利用者の対応と家族への対応	③ ライフラインが寸断した時の対応
⑧ ネットワークの構築と活用	想定される大災害についての課題と対策について記入してください	④ 地域の連携と行政の連携
⑦ 大災害をふまえての備えるべきこと	⑥ 被災時を想定した利用者の環境整備	⑤ スタッフ体制やモチベーションの保持

図表19　災害リスクの課題抽出

①通信手段の確保　　②初期判断、初期対応（避難、照明）
③災害対策を時系列で作成する（BCP策定）
④被害状況（情報収集の仕方）　　⑤職員、利用者の安否確認
⑥家族・自治体等への情報発信の仕方　　⑦食糧・水の確保
⑧ガソリン・灯油（熱燃料）　　⑨通勤手段の確保（バス・電車・車）
⑩指定避難所と福祉避難所（地域）とのすみ分け
⑪自治体・各福祉団体との連携
⑫指示系統を伝達（事業所ごとの担当をはっきり決める）
⑬法人としての対応（役割）、各事業所の対応（役割）
⑭職員へのメンタルケア　　⑮防災教育（人材育成）
⑯システムの構築　　⑰訓練の在り方（地域、事業所ごと）
⑱必要なデータベースを管理（持ち出す物をデータ化する）
⑲外出時での緊急対応物品（袋）
　※課題抽出された内容について、優先順位を決め、今後取り組む

設等の検討を行うと同時に、災害対策マニュアルや防災計画の見直しや
BCPの策定も行いました（図表19に挙げた災害リスクの課題はその一
例）。

（2）被災場面を具体的に想像する

　BCPの策定には、施設・事業所の周辺状況やハザードマップからの情
報をもとに、さまざまな被災場面を想像して対策を練るのが望ましいで

被災を想像して備える	被災した場合の具体例
・ハザードマップの確認	・事業所が被災した場合
・避難経路の選定と確認	・利用者が被災した場合
・耐震の建造物か否か	・自宅やその地域が被災した場合
・備品・備蓄の確保と確認	・家族が被災した場合
・地域資源の確認	・自分が被災した場合
・支援者がいるか否か	・ライフラインがストップした場合

す。下記のように、より具体的な場面を想像して計画に反映させてください。

　災害で被災した場合や、感染症等でクラスターが発生した場合、必ずといってよいほど職員が不足します。災害時は、交通網の寸断で職員が参集できない場面や、職員自身が被災してしまうこともあります。感染症の場合でも、職員が感染したり濃厚接触者になったりすれば、全く同じ状況に陥り、職員が不足することが予想されます。どちらにもいえることは、職員が足りない時の場面を想定した対策を事前に練っておく必要があるということです。

職員が出勤できず不足する場合

・業務に優先度をつける

・普段と異なるやり方、物で対応する

・職員の代わりを得られるようにする

・応援者に利用者情報、業務方法がわかるようにする

・代替施設（法人内、他法人）で対応

（3）さまざまな場面を想定し、図上訓練を行う

　どんなに素晴らしいBCPを策定しても、職員に周知できていなければ、絵に描いた餅になりかねません。緊急時にすぐ動けるように、常日頃からの研修や訓練が欠かせませんので、介護施設・事業所内の多職種の職員が参加して行う図上訓練がとても有効です。BCP上に位置づけ、災害への備えとして定期的に実施していくとよいでしょう。

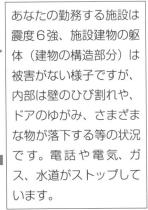

さまざまな場面を想定し、図上訓練を行う

2023年10月11日（水）
13時45分、近隣地域を震源とする最大震度7の地震が発生しました。

あなたの勤務する施設は震度6強、施設建物の躯体（建物の構造部分）は被害がない様子ですが、内部は壁のひび割れや、ドアのゆがみ、さまざまな物が落下する等の状況です。電話や電気、ガス、水道がストップしています。

・現在勤務されている地域を想定。
・最初の揺れはおさまったようです。
・この後、あなたは何をしますか？

地域と連携して行うBCP、災害への備え

（1）近隣地域との連携

①地域におけるライフラインの確保

　大災害時は、電気、水道、都市ガス、交通網などのライフラインの寸断が考えられます。復旧には、ある程度の時間が必要となるので、熱源や動力源を確保しておく必要があります。例えば、炊き出しなどができるように、近隣の町内会と、大鍋やかまど、薪、備蓄米等の相互提供が挙げられます。東日本大震災では、燃料の調達に四苦八苦していたところ、各町内会から薪や廃材の提供があり、外でたき火をしながら毎食の調理をすることができました。これ以外にも、地域住民や利用者の家族から食料や支援物資をいただくなど、あらためて地域連携や家族連携の大切さを感じさせられました。

　これらの対策としては、近隣商店や農家、ガソリンスタンドなどと、食料、米、灯油、ガソリンなどの優先購入契約を締結しておくのも一つの方法です。自前給食の場合、普段から地産地消を心がけておくと有利ですし、委託給食の場合は、全国規模の委託業者だと食材の確保が容易にできる可能性があります。筆者の施設（当施設群）は後者でしたので、おかげさまで3食とも無事に温かな食事を提供することができました。

②地域の住民と行う災害への備え（荒巻安心タウン構築委員会の設置）

　前述の通り、葉山地域包括支援センターでは、認知症地域資源マップ作成のモデル事業に選定されたことをきっかけに、荒巻地区担当圏域包括ケア会議で「荒巻安心タウン構築委員会」を設置し、町内会や地区社

図表20　ネットワークの活用例（葉山地域包括支援センター　ネットワーク構築事業のイメージ図）

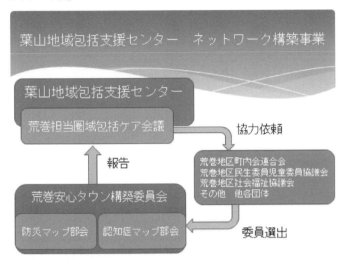

協・民生児童委員・その他関係者とともに、地域防災社会資源マップと要援護者マップの作成を行いました。

　趣旨としては、このマップ作成に地域住民が主体的にかかわることによって、誰にでも優しい共生ネットワークや認知症ネットワーク、防災・減災ネットワークが自ら構築されることを目指しています。この地域団体との取組みが、「福祉のまちづくり」という共通認識の下で、住み慣れた地域で安心・安全な暮らしができるような共助・互助システムとなるように、地域福祉が推進することを期待しています。

③地域づくりの中での災害への備え（荒巻地区「個性ある地域づくり計画」策定委員会への参画）

　2015（平成27）年度より、当地域の荒巻地区町内会連合会が中核となり、荒巻地区「個性ある地域づくり計画」策定委員会が立ち上げられ、

筆者もメンバーとして参画しています。

　住みたいまち・住み続けたいまち・安全・安心なまちづくりを目指し、町内会および地区社会福祉協議会、民生委員協議会などの地域団体や自治体、葉山地域包括支援センター等が知恵を出し合い、2年で「個性ある地域づくり計画」が策定されました。

　この計画により、2017（平成29）年度からは自治体を除いたメンバーの協働により、新たな組織である「荒巻地区福祉向上委員会」が設置されました。これは、「荒巻安心タウン構築委員会」を進化させ、さらにバージョンアップさせたものとなっており、この地区の福祉の在り方を検討して、安心・安全なまちづくりを推進する強固な体制が整備されることになります。今後、この組織での活動の一環として、施設を含めた荒巻地域の防災活動の充実や要援護者リストの早期完成が期待されています。

（2）指定避難所と福祉避難所および自治体との連携
①指定避難所と福祉避難所のすみ分け

　小学校や中学校が指定避難所になっていることがほとんどで、東日本大震災でも、当地域の小学校には約450名の地域住民が避難していました。しかしながら、高齢者や障害者などの災害弱者にとって、段差があったり手すりがなかったりトイレが使いづらかったりと、あまり快適とはいえない場所だったのではないかと思います。

　一方で、当施設群にも暖や明かり、食料、安全な場所を求めて、当日だけでも、不安にかられた地域住民が100名ほど避難してきており、学校よりも当施設の方が近いとの理由もあり、老若男女、健常者や障害者を問わず来ていました。

　当施設群では、電気、水道、都市ガスなどのライフラインの寸断はあ

りましたが、施設全体がバリアフリーでトイレも手すりの付いた洋式なので、弱者にとっては小学校より優しい環境にありました。これらのことを考えると、小学校には比較的若い人や健常者の方に避難していただき、当施設群には高齢者や障害者の方々に避難していただくのが、非常時には混乱しない方法ではないかと考えています。

②望ましい福祉避難所としての在り方

　当施設群は、福祉避難所に指定されていますが、一次指定避難所のように速やかに支援物資が送られてくるわけではなく、一般の方が避難してきても、当初は自前で水や食料等を賄わなければなりません。備蓄品は施設の利用者分だけで手一杯なので、この部分の改善が必要となります。現在、荒巻小学校区地域防災会議というものがありますので、学校と施設のすみ分けを協議しています。さらには、指定避難所と同等に支援物資が速やかに行き渡るように、自治体に対して働きかけていく必要もあります。

　福祉避難所としての課題は、仙台市と事前に協定を締結していたこともあり積極的に要援護者を受け入れましたが、協定に明記されていた人員派遣もなく、支援物資もあまり届かなかったということでした。その後の実費負担もわずかなもので、避難者10名に対し職員1名の換算での清算でした。3対1の職員配置基準でも大変なのに、これでは何の足しにもなりません。また、要援護者の情報も少なく、受け入れ側としては手探りの状態でケアしなければならない現状で、これらを解決するには、要援護者カード等の情報提供手段を平時から事前準備しておく必要があります。同時に、要援護者だけの避難だけではなく、家族等の情報提供者も一緒に福祉避難所に入れるようなシステムも必要となります。

③地域の防災訓練での連携（荒巻地域防災協議会主催の防災訓練との連携）

　福祉避難所として事前準備をするため、地域との防災訓練も小学校などと連携して行うことも大切です。

　2015（平成27）年より、地域の関係団体や荒巻小学校と一緒に「荒巻地域防災訓練」を行っています。近年では、要援護者の発見から福祉避難所への搬送訓練が実施されました。当施設群の役割としては、当施設群が福祉避難所となっているため、送迎車両と職員を派遣して要援護者

●要援護者支援　　自宅　⇒　荒巻小学校（一般避難所）

●要援護者支援　　荒巻小学校　⇒　仙台楽生園（福祉避難所）

地域と連携して行った防災訓練の様子
（写真は、自宅にいる要援護者を小学校へ搬送している様子（上２枚）と、
小学校から当施設へ搬送している様子（下２枚））

を搬送する連携訓練を実施しています。

　また、避難所運営・啓蒙訓練として、防災訓練の他に防災講座を開催しましたので、当施設群の役割として、小学校の保護者や職員向けに「災害時要援護者支援・安否確認について」の講義と、小学校児童向けに「防災○×クイズ」を担当しました。

法人内の施設・事業所間で連携して行うBCP、災害への備え

　筆者の法人では、老人福祉施設、児童福祉施設、収益事業等を含めると、20数事業を運営しています（図表21）。東日本大震災では、一部の施設・事業所間での協力は得られましたが、場当たり的で十分なものではありませんでした。そこで、法人における災害対策を検討する部門として、「災害対策ネットワーク委員会」を立ち上げました。

　この委員会は、危機管理規程に基づき、危機を未然に防止するための措置、職員や利用者等の生命および身体の安全確保に関する措置、法人

災害対策ネットワーク委員会の任務

①地域防災に関する対応と連絡調整

②提携法人との連絡調整

③関係機関との連絡調整

④福祉避難所の運営と仙台市との連絡調整

⑤災害救援チームの派遣及び支援の要請

⑥建物被害の把握・緊急予算の措置

⑦職員・利用者の安否確認

⑧役員・関係者への連絡調整

⑨行政・関係機関からの情報収集、整理及び分析

⑩災害機器・備品の管理・調達

⑪危機管理の啓発、防災教育の実施

⑫BCPの策定及び見直し

（災害対策ネットワーク委員会会則より抜粋）

の財産の保護に努める措置について、法人内外の関係者や関係機関と連携して対策を講じることを目的としています。

　法人としての防災・危機管理システムの構築を図り、災害時相互支援ネットワークを推進するため、以下の4つの骨子を立案しました。

①各施設・事業所の対策としてのBCPの策定

　各施設・事業所において、災害時に即応できる具体的な災害対応マニュアルの作成と防災計画の見直しを行うこととし、併せて、それぞれの施設・事業所の特性に合ったBCPと法人全体のBCPを策定します。

②法人内の災害支援連携システムの構築

　施設・事業所ごとに所有している備蓄品を、法人内で有効活用できる体制を整備するためにリスト化し、定期的にチェックできるシステムを構築します。

③防災担当者などの人材育成

　法人内職員連携を図るために、災害対応職員の登録や災害対策DVD等を活用した、防災教育や災害対策研修を実施します。

④法人外機関との災害時相互支援ネットワークの構築

　これまでの地域や各種団体との連携を深めると同時に、新たなシステム構築も検討します。また、広域ネットワークについては、提携法人との連携や各福祉団体との多職種連携を積極的に進めます。

図表21　当法人の災害対策本部　組織図

社会福祉法人　仙台市社会事業協会　災害対策本部　組織図

2019.6.24現在

BCP対応含む

担当者

災害対策本部　本部長　法人会長

第一副本部長　法人副会長

第二副本部長　法人事務局長

災害対策本部会　委員会委員長

高齢者部門　理事

災害対策ネットワーク委員会委員長

法人事務局部門　担当者

仙台理美容学校エリア　担当者⑪

母子施設エリア　担当者⑨⑩

保育園エリア　担当者⑤⑥⑦⑧

沖野三施設エリア　担当者④

仙台楽生園ニュータウン施設群エリア　担当者②③

葉山シルバータウン部門　担当者

仙台楽生園エリア　担当者①

担当者（上段）
- 職員・利用者安否確認担当者
- 役員・関係者連絡担当者
- 行政・関係機関連携・情報収集担当者
- 建物被害把握・緊急予算措置担当者
- 災害機器・備蓄管理担当者

担当者（左段）
- 日本福祉大学提携法人担当
- 宮城県災害派遣チーム人担当
- 仙台市老施協青葉東支部宮城野・若林支部認担当者
- 仙台市福祉避難所担当者長生園・楽生園
- 葉山シルバータウン地域防災協定担当者

施設一覧
① 養護老人ホーム仙台長生園／葉山地域交流センター
② 特別養護老人ホーム仙台楽生園／葉山地域交流プラザげ／楽園デイサービスせいい／ケアハウスなごみ
③ 葉山ヘルパーセンター／葉山訪問看護センター／葉山ケアプランセンター／葉山地域包括支援センター
④ 沖野老人福祉センター／沖野デイサービスセンター／沖野居宅介護支援センター
⑤ 仙台保育園
⑥ 柏木保育園
⑦ 富沢わかば保育園
⑧ 中山保育園
⑨ 母子生活支援施設さくら荘
⑩ 母子生活支援施設むつみ荘
⑪ 仙台理容美容専門学校／女子学生専用マンション

第4節　団体、自治体等と連携して行う BCP、災害への備え

（1）福祉法人や各関係団体との広域連携

　下記は、東日本大震災以降に、筆者の法人で行ったボランティア派遣の記録になります。詳細については後述しますが、当法人が所属している団体等を通じて、全国の施設等に職員を派遣しました。

図表22　筆者が行ったボランティア派遣について

> **①介護ボランティアの派遣**
> **老人福祉施設協議会関係の介護ボランティア派遣**
> 　名古屋・愛知老施協チーム　　18法人　625名　受け入れ施設　7施設
> 　　　　　　　　　　　　　　　マッチング回数　33回
> 　　気仙沼市（鹿折中避難所）ケアハウスみなみ、石巻市（特養）やもと赤井の里、丸森町（特養）仙南ジェロントピア、山元町（特養）みやま荘、名取市（養護）松寿園、青葉区（特養）仙台楽生園、宮城野区（特養）パルシア
> 　北海道老施協チーム　　37法人　936名　受け入れ施設　4施設
> 　　　　　　　　　　　　マッチング回数　57回
> 　　仙台楽生園、パルシア、松寿園、やもと赤井の里
> 　　合計　55法人　1,561名　受け入れ施設　7施設　マッチング回数　90回
> **グループホーム関係の介護ボランティア派遣　石巻市GHあゆかわの郷**
> 　　新潟県GH協会チーム　　5団体　86名
> 　　石川県GH協会チーム　　2団体　56名
> 　　静岡県GH連携チーム　　2団体　99名
> 　　岩手県・神奈川県GHチーム　　2団体　8名
> 　　宮城県GH連携チーム　　10団体　314名
> 　　　合計　21団体　563名　受け入れ施設　1施設　マッチング回数　43回
> **全国認知症介護指導者ネットワーク災害支援連携チームの介護ボランティア派遣**
> 　　気仙沼市GH村伝、石巻市GHあゆかわの郷、石巻市（特養）せんだんの杜ものう（大阪府、北海道、鳥取、愛媛、宮城）

合計　6団体・個人　130名　受け入れ施設　3施設　マッチング回数　10回

社会福祉施設経営者協議会関係の介護ボランティア派遣

　　鹿児島県経営協チーム　　　8団体　188名　受け入れ施設　1施設

　　　　　　　　　　　　　　　マッチング回数　8回

　　南三陸町社会福祉協議会デイサービスセンターうたつ

　　熊本県経営協チーム　　　3団体　184名　受け入れ施設　3施設

　　　　　　　　　　　　　　マッチング回数　7回

　　（特養）せんだんの杜ものう、GHあゆかわの郷、（養護）松寿園

　　　合計　11団体　372名　受け入れ施設　4施設　マッチング回数　15回

日本福祉大学提携法人関係の介護ボランティア派遣　　仙台楽生園、GHあゆかわの郷

　　　合計　5団体　341名　受け入れ施設　2施設　マッチング回数　20回

民間団体・その他の介護ボランティア派遣　仙台楽生園

　　東日本共同支援ネットワーク(CLC)　17名　　サンダーバード　4団体　50名

　　　合計　5団体　67名　受け入れ施設　1施設　マッチング回数　5回

総計　103団体　延べ人数　3,038名　受け入れ施設　11施設　マッチング回数　183回

②災害支援ボランティアの派遣

福岡県老施協・筑後地区チーム

　　1日間　延べ人数　6名　石巻市・海苔工場の機械清掃

愛知県老施協チーム

　　第一班22名　5日間　延べ人数110名　南三陸町のがれき撤去、泥だし等

　　第二班29名　5日間　延べ人数145名　南三陸町、気仙沼市・ケアハウスみなみの引越し手伝い等

　　がれき撤去、泥だし、清掃、引越し手伝い等の災害支援ボランティア　延べ人数　261名

（2）介護ボランティアの派遣と広域ネットワークの構築

　東日本大震災後すぐに、国の事業で介護職員の派遣が進められましたが、マッチングがうまくいかず、人材派遣が滞っていました。そのような関係で、さまざまな福祉団体から、筆者に人材派遣のコーディネートや災害支援の要請を依頼してくるケースが多くなりました。また、筆者としても社会的使命として被災地を支援したいという想いがありました

ので、沿岸部の被災施設や被災者受け入れ施設への介護ボランティア派遣を中心とした災害支援を行いました。約1年間の派遣団体の総数は103法人、延べ人数で3,038人、受け入れ施設11施設、マッチング回数183回となりました（図表22）。

ここで感じたことは、第一に、自治体や関係機関から支援を待っていたのでは、助けられる人も助けられないので、できるだけ早く迅速に行動するということです。次に、あわてたり、やみくもに動いたりせず、的確に支援できるようなネットワークシステムを事前に構築しておくことが肝要です。さらには、緊急時に即応できる介護ボランティアや災害コーディネーター等の人材育成も急務です。要は、あらゆるチャンネルを使った相互支援システムの構築が、災害国家、日本の緊急課題であると考えています。

（3）各支援団体の相互乗り入れと災害派遣チームの必要性

筆者は、社会福祉施設経営者協議会、老人福祉施設協議会、認知症グループホーム協会、認知症介護指導者ネットワーク等の災害対策本部長や介護ボランティアのコーディネーターを行っていた関係上、福祉団体にとらわれない相互支援を実施してきました。

たまたま複数の団体の担当者になっていたからこそ、このような支援ができましたが、これを個人ではなく、社会福祉協議会などの公的な機関が中心となり、福祉団体や専門職団体、NPO団体を統合した相互支援体制を構築しておくべきだと考えました。

現在も、平時から準備しておく必要があると考え、県内外の各団体に働きかけているところです。全国的に見ても、福祉団体や専門職団体が、それぞれ個別の支援システムを構築中または検討中ですが、ぜひ、相互乗り入れできるシステムにしてほしいと思いますし、筆者もできる

限り協力していきたいと考えています。

　最終的には、災害対策基本法に位置づけられたDMAT（災害派遣医療チーム）と同様のDWAT（災害派遣福祉チーム）やDCAT（災害派遣介護チーム）が編成され、地域の支援体制だけでは対応できないほどの大規模災害時には、現場に急行できる福祉・介護チームの派遣が望ましいと考えています。

（4）提携法人との相互支援連携システムの構築

　しかしながら、これらの施策や体制が整うのを待っている間に、いつ大災害が襲ってくるとも限りません。できるところから取り組んでいくことが何より大切です。当法人では、日本福祉大学と提携法人としての協定を結んでいました。

　そして、東日本大震災時には提携している5つの法人から、当施設群と石巻市のグループホームへの支援ということで、延べ人数で341人の介護ボランティアの応援がありました。この提携法人をベースにした「介護ボランティア受入計画書」も独自に作成し運用していたので、このノウハウを提携法人全体の相互支援ネットワークに活用できるように提案しました。

　関係者の方々の理解と賛同を得て、「災害時の連携・支援の在り方検討委員会」という連携協議をスタートさせることができ、当法人と関係する法人、日本福祉大学との間に「災害時の連携・支援に関する覚書」を締結することができました。また、顔の見える関係を築くために、提携法人施設を会場に研修会や連携訓練を順繰りに行うこととしました。

　さらには、介護ボランティアだけにとどまらず、支援物資や情報等の提供も含めた相互支援連携システムの構築にも取り組み、今後の大災害に備えているところです。

介護ボランティア受入計画書

1．2人1組で3チームの派遣を受け入れ、計6名で福祉避難所等の介護・支援を行ないます。派遣場所や施設、ユニットによっては、1～3名の活動もあります。基本は、2名で1チームですが、もちろん3名や1名の受入れも可です。夜勤を含むローテーション勤務となる場合もあります。期間内で「明け」「休日」を設けます。

2．派遣職員は、ある程度の介護経験（数年以上）のある方で、できれば有資格者の方（介護福祉士、ヘルパー2級、看護師等）をお願いいたします。

3．期間は1チーム10～12日前後でお願いいたします。（移動日を除く）

4．チームは次の期間を継続しても構いません。（疲労を考慮し最大2期間）

5．宿泊場所は施設内に確保いたします。活動日前日と最終日の宿泊も大丈夫です。

6．緊急時ですので大した物は出せませんが、寝具と食事も提供いたします。

7．あくまでボランティアとしてお願いしますので、賃金・旅費等は出せません。ご了解下さい。

8．ボランティア保険は、こちらで掛けさせて頂きますが、それ以外は、派遣法人の方で対応を願いいたします。

介護ボランティア派遣イメージ（例）

4/4.5.6.7.8.9.10.11.12.13.14.15.16.17.18.19.20.21.22.23.24.25.26.27.28.29.30.5/1. 2. 3. 4. 5.

	別ボランティア	Cチーム（10日間）	Fチーム（12日間）
Aチーム（12日間）		Dチーム（10日間）	Gチーム（11日間）
	Bチーム（10日間）	Eチーム（10日間）	

＊福祉避難所等の開設期間については、被災状況を勘案の上、決定して行きたいと思います。それに併せて、チーム派遣と受入についても相談しながら進めて行きたいと考えておりますので、よろしくお願いいたします。

　今回の申し入れに関しては、公的な機関の動きが遅い中、速やかな対応をして頂き、大変感謝しております。皆様のご厚志に報いることができますよう、職員一同、被災者支援に取り組む所存です。本当にありがとうございます。

平成23年4月1日

〒981-0917　仙台市青葉区葉山町8-1
TEL　022-273-4920　FAX　022-273-8510
社会福祉法人　仙台市社会事業協会　理事
仙台楽生園ユニットケア施設群　総括施設長　佐々木薫
Email　rakuseien-s@vanilla.ocn.ne.jp

日本福祉大学と提携社会福祉法人による災害時の連携・支援に関する覚書

（趣旨）

第1条　日本福祉大学と提携社会福祉法人（以下、提携法人という。）は、東日本大震災の経験に学び、地震等の大規模災害の発生により被災した提携法人（以下、被災法人という。）からの支援要請に対して、相互扶助の精神に基づき迅速かつ円滑な支援を行うために、以下のとおり「覚書」を締結する。

（支援の内容）

第2条　支援内容は「人的支援」と「物的支援」とする。

　(1)　人的支援

　　ア　被災法人から要請のある職員

　　イ　その他

　(2)　物的支援

　　ア　被災法人から要請のある物資

（支援期間）

第3条　被災法人と支援する提携法人（以下、支援法人という。）の協議によるものとする。

（支援の体制）

第4条　被災法人に対して迅速かつ円滑な支援を行うために次の体制をとる。

　(1)　日本福祉大学は被災法人と支援法人の間の連携・支援を結びつける中間組織としての役割を担う。

　(2)　提携法人と日本福祉大学は「災害時における支援」を担当する複数の担当者を置く。

（支援要請から支援までの手続き）

第5条　被災法人は支援要請を日本福祉大学に連絡し、日本福祉大学はその要請を支援法人に伝達するとともに、必要な場合は調整を行う。

2　日本福祉大学から支援要請の伝達を受けた支援法人が支援に入る場合は、本覚書に基づき個別に被災法人との間で連絡・調整を行い支援に入る。

（人的支援による費用負担）

第6条　人的支援に関わる費用は、基本的には支援法人が負担する。

2　ただし、宿泊場所・食事・寝具等の準備や負担については、被災法人と支援法人の協議による。

3　日本福祉大学が教職員・学生を派遣する場合は、第1項、第2項に準ずるものとする。

（平時の対応）

第7条　この「覚書」を災害時に有効に機能させるために、日本福祉大学と提携
　　　法人は防災に関する情報交換や人材育成に努める。

（「『覚書』の運用にあたって」）

第8条　この覚書に基づく連携・支援を迅速かつ円滑に進めるために、別途、
　　　「災害時の連携・支援に関する覚書の運用にあたって」を策定する。

（「覚書」の扱い）

第9条　この覚書の証として、提携社会福祉法人理事長と日本福祉大学学長の記
　　　名押印による覚書を2部作成し、各1部を保有する。

2　各提携法人は、前項の提携社会福祉法人理事長と日本福祉大学学長による覚
　　書の全ての写しを保有する。

3　覚書に関する何らかの意思表示がある場合は、「提携社会福祉法人サミット」
　　において協議のうえ、「覚書」に関する新たな事項を確認する。

「災害時の連携・支援に関する覚書」の締結法人

① 　社会福祉法人札幌慈啓会（北海道札幌市）

② 　社会福祉法人仙台市社会事業協会（宮城県仙台市）

③ 　社会福祉法人武蔵野会（東京都八王子市）

④ 　社会福祉法人横浜市福祉サービス協会（神奈川県横浜市）

⑤ 　社会福祉法人更生慈仁会（新潟県新潟市）

⑥ 　社会福祉法人飛騨慈光会（岐阜県高山市）

⑦ 　社会福祉法人天竜厚生会（静岡県浜松市）

⑧ 　社会福祉法人昭徳会（愛知県名古屋市）

⑨ 　社会福祉法人青山里会（三重県四日市市）

⑩ 　社会福祉法人聖徳会（大阪府松原市）

⑪ 　社会福祉法人甲山福祉センター（兵庫県西宮市）

⑫ 　社会福祉法人岡山中央福祉会（岡山県岡山市）

⑬ 　社会福祉法人竜雲学園（香川県高松市）

⑭ 　社会福祉法人慈愛会（福岡県三井郡大刀洗町）

⑮ 　学校法人日本福祉大学（愛知県知多郡美浜町）

第3章

災害対策と感染症対策に生かすための「連携」の在り方

災害対策と感染症対策との共通点

　地震や水害をはじめとした自然災害の発生に対応するため、各施設・事業所ではBCPを定めていると思いますが、感染症対策も基本的なベースは一緒です。自然災害のBCPは、法人における危機管理規程に基づき、職員や利用者等の生命および身体の安全確保を図ることと併せて、財産の保護、事業・活動の継続並びに再開に努めることを目的としているからです。

事業継続計画（BCP）の方針

　法人に所属する職員は、法人における危機管理体制が適切かつ有効に機能するよう、次の各号に掲げている内容に危機管理意識を持って、職務の遂行に当たるものとする。

①職員や利用者等の生命及び身体の安全確保を最優先とする。
②法人・事業所の財産の保護に努める。
③法人・事業所における事業及び活動の継続又は速やかな再開に努める。
④平時より、危機の未然防止に努める。
⑤平時より、災害対策研修や訓練等を実施し、危機管理の人材育成に努める。

※自然災害以外の感染症又は経済的状況等が原因で、突発的な緊急事態が発生した際は、「大規模震災版BCP」に準じて、危機管理対策を行うものとする。

　筆者の法人では、前記の通り、以前から、BCPの方針として、感染症等の自然災害以外が原因でも「大規模震災版BCP」に準じて対策を行うこととしていました。

　しかし、2020（令和2）年からの新型コロナウイルス感染症の流行に対応するためには、感染症対策委員会を設置して、以下のような基本骨子を立てて、感染症対策を行うこととしました。

　職員が不足することや物資が足りなくなることも共通していますし、稼働する事業の優先順位の決め方もほぼ同じです。それから、人の応援や物資の提供も必要ですので、「大規模震災版BCP」を活用して、速やかに「感染症対策版BCP」を策定することとしました。

　そして、パンデミック（感染爆発）にも対応できるように、法人の危機管理規程の改定を行い、それに併せて、新たに「感染症対策版BCP」を策定することにしました。

　危機管理規程は、当法人において発生する危機に迅速かつ的確に対応するため、法人における危機管理体制やその他基本事項を定めることにより、職員や利用者等の安全確保を図るとともに、法人の社会的な責任を果たすことを目的にしていますが、自然災害でも感染症でも対応でき

感染症対策版BCP策定に向けての基本骨子

- 危機管理規程を自然災害用から感染症も含んだものに加除修正
- 事業継続計画（BCP）新型コロナウイルス感染症対策版を作成
- 感染症対応用BCPフローチャートを作成
- 新型コロナウイルス感染症発生時の勤務・応援職員派遣に関する内規を作成

るように改定しています。

社会福祉法人仙台市社会事業協会　危機管理規程

（目的）

第1条　この規程は、社会福祉法人仙台市社会事業協会（以下「法人」という。）において発生する危機に迅速かつ的確に対応するため、法人における危機管理体制その他基本事項を定めることにより、職員や利用者等の安全確保を図るとともに、法人の社会的な責任を果たすことを目的とする。

（危機管理の基本方針）

第2条　法人における危機管理の基本方針は、次の各号に掲げるとおりとする。

① 　職員や利用者等の生命及び身体の安全確保を最優先とする。

② 　法人・事業所の財産の保護に努める。

③ 　法人・事業所における事業及び活動の継続又は速やかな再開に努める。

④ 　平時より、危機の未然防止に努める。

⑤ 　平時より、研修や訓練等を実施し、危機管理の人材育成に努める。

（定義）

第3条　この規程における用語の定義は、次の各号に定めるところによる。

① 　危機　自然災害、火災及び重篤な感染症の発生その他の重大な事件又は事故により、職員や利用者等の生命若しくは身体、又は法人の財産、名誉に著しい被害が生じ、業務の継続に重大な危機を生じるおそれがある緊急の事象及び状態をいう。

② 　危機管理　危機の原因と状況を把握・予知・分析するとともに、当該危機によってもたらされる事態を想定し、被害を回避又は最小限に抑制するため、組織的に対応することをいう。

（危機管理対策）

第4条　本規程第1条の目的を達成するために下記の危機管理対策を行うものとする。

① 　事業継続計画（BCP）の策定（別紙、大規模震災版、感染症対策版）

② 　災害対策ネットワーク委員会の設置（別紙、委員会会則）

③ 　災害対策本部の設置（別紙、組織図）

④ 　感染症対策委員会の設置（別紙、委員会会則）

⑤　感染症対策本部の設置（別紙、組織図）

（対策本部の設置）

第5条　会長は、一定規模の災害、感染症等が発生したときには、業務執行理事及び法人事務局長と速やかに協議し、災害対策本部、感染症対策本部を設置するものとする。また、それぞれの対策委員会と連携して、速やかに対策を講じる。

（対策本部の構成等）

第6条　災害対策本部は、次の各号に掲げる構成とする。

①　本部長　会長

②　第1副本部長　副会長（業務執行理事）

③　第2副本部長　法人事務局長

④　本部員

・法人事務局担当者

・部門又はエリア担当者

・その他会長が必要と認める者

2　本部長は、対策本部の業務を統括し、危機管理責任者の職務を補完する。

3　副本部長は、本部長を補佐するとともに、本部長に事故があるときは、第1副本部長、第2副本部長の順で、その職務を代行する。

4　対策本部が所掌する業務は、次の各号に掲げる事項とする。

①　危機に係る対応方針の決定及び対策の指示に関すること。

②　危機に係る情報の収集、整理及び分析に関すること。

③　事業継続計画（BCP）の策定及び発動に関すること。

④　危機に係る関係部局及び関係機関との連絡調整に関すること。

⑤　危機に係る報道機関への対応に関すること。

⑥　危機に係るその他、本部長・副本部長が必要と認める事項に関すること。

5　前項各号に掲げる所掌事項を円滑に処理するため、対策委員会と連携しながら対応する。また、必要に応じて対策本部に班を設置することができる。

6　対策本部は、緊急性の高い危機に対処する場合に限り、法人の規程等により定められた所定の手続きを省略することができる。この場合において、本部長・副本部長は、事案の対処の終了後に、役員会等へ報告しなければならない。

7　対策本部の名称及び設置場所は、本部長・副本部長が協議して定める。

（理事・事業所の長・職員等の責務）

第7条　会長は、法人における危機管理を統括し、協会全体の危機管理体制の充実を図るものとする。

2　副会長、理事等は、会長を補佐し、それぞれの掌理する業務に関わる危機管理体制の充実を図るものとする。

3　事業所の長（法人事務局にあっては、法人事務局長。以下同じ。）は、当該事業所における危機管理を統括し、危機管理体制の充実を図るものとする。

4　職員等は、法人における危機管理体制が適切かつ有効に機能するよう常に危機管理意識を持って、その職務の遂行に当たるものとする。

5　事業所の長・職員等は、危機が発生し、又は発生するおそれがあることを発見したときは、危機の内容に応じ、関係行政機関その他別に定める部署へ通報するとともに、当該危機に対処するものとする。

（危機管理責任者及び担当者）

第8条　会長は、法人の危機管理責任者として業務執行理事を指名する他、危機管理を担当する職員（以下「担当者」という。）を指名するものとする。

2　危機管理責任者は、法人の防災・感染症対策の責任者として、危機管理の統括を行う。

3　担当者は、危機管理責任者の指導の下、法人の防災・感染症対策の担当者として、他の職員等と危機管理に関する措置について必要な調整を行うとともに、事業継続計画（BCP）の策定、その他法人全体の危機管理体制の整備を行うものとする。

4　業務執行理事及び担当者に事故があるときは、職員のうちからあらかじめ会長が指名する者が、その職務を代行するものとする。

5　事業所毎に、危機管理責任者及び担当者を置くと共に、必要に応じて複数事業所を統括する部門及びエリアの責任者、担当者を置くことができる。

　　　附　則

この規程は、平成26年3月18日から施行する。

この規程は、令和2年11月5日から施行する。

　下記は、新型コロナウイルス感染症対策のために作成した当法人の
BCPの目次です。このBCPは「大規模震災版」を基に作成しており、基
本は一緒ですので、感染症BCPの策定についてはスムーズに行うことが
できます（巻末の「資料編」に、BCPの本文も収録しています）。

「社会福祉法人仙台市社会事業協会　事業継続計画（BCP）
〜新型コロナウイルス感染症対策版〜」目次

第1章　事業継続計画（BCP）の目的

第2章　事業継続計画（BCP）の方針

第3章　法人における危機管理対策

　1）危機管理規程の目的

　2）感染時における法人の役割

　3）法人における危機管理システム

　4）感染時における会長（感染症対策本部長）の代行者

第4章　感染症対策委員会の設置

　1）委員会の目的　　2）委員会の任務

第5章　感染症対策本部の設置

　1）対策本部の基本方針　　2）対策本部の任務

　3）BCPの発動

第6章　その他

　1）感染症対策拠点設置候補場所

　2）法人の感染症対策として用意する備品整備

　3）感染時における所有物品リストの活用

第7章　法人感染対策マニュアル

　1）実施する業務

　　A：感染予防策　　　B：感染対応策

　2）管理関連業務

　　A：経理業務

　　B：管理業務

　3）課題と対策

　　A：職員等の確保　　B：関係機関との連携　　C：備蓄

　　D：教育・訓練

第8章　法人各施設・事業所の事業継続計画（BCP）
第9章　関係資料
　　●危機管理規程　●感染症対策委員会会則　●感染症対策組織図
　　●感染症対応用BCP（事業継続計画）フローチャート
　　●連絡先一覧　●物品借用書

災害対策と感染症対策との相違点

第2節

　災害対策と感染症対策は、命を守る、生活を継続するという点での対策は基本的に一緒ですが、大きく違う点が二つあります。その一つは、目に見えるものと見えないものの違いです。自然災害の場合は、被害規模や被害状況が目に見えてわかりますので、それに合わせて対応や支援ができます。それに引き換え、感染症対策は目に見えず手探り状態で、対応や支援を行わなければなりません。

　特に新型コロナウイルス感染症の場合は、ウイルス変異のスピードが速く、医療や行政の対応が短時間で変わっていきます。また、風評被害や差別などの社会的分断が加わり、さらに対応が難しいものになっています。これらの状況に合わせて、感染対策を構築しなければならない難しさが、介護施設・事業所にはあります。

　感染症が発生した場合に備えて、簡潔でわかりやすいフローチャート（図表23）を作成しておくと、職員が迷わずに素早く対応できると思います。ただし、医療情報や行政からの通知が変わるたびに、フローチャートを更新しなければなりませんので注意が必要です。

　もう一つは、職員の意識の問題にも関わることです。自然災害の場合、被災した現場で働く職員や応援で派遣される職員は、危険な場所で働くことにはなりますが、よほどのことがない限り、自分が被害に遭うことはありません。

　しかしながら、新型コロナウイルス感染症の場合は、自分も感染する可能性もあり、さらにはウイルスを持ち運び感染拡大を招く可能性もあります。また、感染していなくても安全のために長期間の自宅待機を強いられます。

社会福祉法人　仙台市社会事業協会
令和2年9月作成

図表23　感染症対応用BCPフローチャート

感染症対応用BCP（事業継続計画）フローチャート

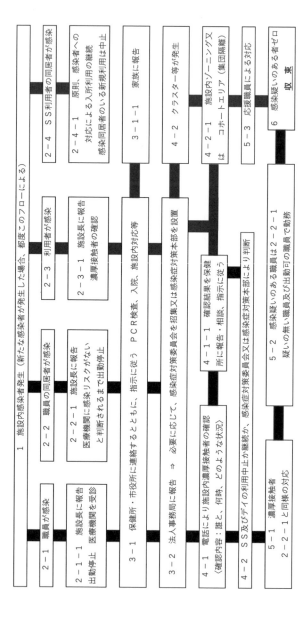

〈注意事項〉
1．感染疑いのある場合は、各事業所で作成の「新型コロナウイルス感染チェック表」の項目の該当・非該当により判断する。
2．感染した利用者又は職員が治癒した場合、引き続き前記チェック表により健康状態には充分注意する。

　例えば、応援職員の募集をすると、自然災害では多くの応援職員が集まりますが、感染症の場合、派遣職員はほとんど集まらないのが現状です。これが自然災害対策と感染症対策の大きな違いとなります。

　感染症対策の一環として、職員の不安を和らげ、積極的に活動できるように、筆者の法人では、次ページ以降のような「新型コロナウイルス発生時の勤務・応援職員派遣に関する内規」を作成し、職員に周知しています。これも、医療情報や行政からの通知が変わるたびに、フローチャートを更新しなければなりませんので注意が必要です。

新型コロナウイルス発生時の勤務・応援職員派遣に関する内規

仙台市社会事業協会　高齢者部門

１．目　的　　　　法人内外の高齢者入所施設において、利用者もしくは職員に新型コロナウイルスの感染者・濃厚接触者が多数確認され職員が不足した場合に、新型コロナウイルス感染が終息または派遣要請が終了するまで、勤務を調整し不足した施設に対して応援職員を派遣するなど、サービス提供体制を確保することを目的とする。

２．派遣決定　　　新型コロナウイルス感染者が発生した施設または行政・所属団体等から応援職員の派遣要請があり、法人の感染対策本部長または感染対策委員長が派遣を必要と判断した場合、当該施設長が派遣を決定する。

３．派遣期間　　　派遣職員は、一人最長２週間（週休２日）を限度とし、派遣元施設と派遣先施設で人数及び日数を調整して決定する。

４．派遣職員　　　施設長が指名した派遣要請に応じる職員。（各事業所は、派遣要請に応じる職員を事前に把握しておくこと。）

５．勤務場所　　　施設等への派遣先は、非感染エリア（グリーンゾーン）を基本とする。ただし、応援体制や感染状況によっては、感染エリア（レッドゾーン）や感染隣接エリア（オレンジゾーン）等への派遣もありえる。

６．勤務形態　　　日勤勤務を基本として、入所者に対する看護・介護等の業務を行うが、詳細は派遣職員と派遣先施設で協議して決定する。

７．危険手当　　　新型コロナウイルスの感染施設で業務を行った職員に対しては、勤務日数に応じて危険手当を支給する。

　　　　　　　　　① グリーンゾーン（自施設）への勤務者には、手当の支給なし

　　　　　　　　　② グリーンゾーン（他施設）への勤務者には、3,000円／日を支給

　　　　　　　　　③ オレンジゾーンへの勤務者には、3,000円／日を支給

　　　　　　　　　④ レッドゾーンへの勤務者には、10,000円／日を支給

８．自宅待機等　　新型コロナウイルスの感染施設で業務を行った職員に対

しては、勤務日数に応じて自宅待機を命ずることができる。

① 　グリーンゾーン（自施設）への勤務後は、自宅待機せず普通に勤務

② 　グリーンゾーン（他施設）への勤務後は、1～2日間の特別休暇

③ 　オレンジゾーンへの勤務後は、状況により、3～7日間の自宅待機

④ 　レッドゾーンへの勤務後は、翌日より原則10～14日間の自宅待機

9．宿泊等　　レッドゾーンおよびオレンジゾーンで勤務する者や自宅待機が必要な者の中で、帰宅が困難な状況にある場合は、自治体や法人の用意する宿泊施設に、必要な日数だけ宿泊させる事ができる。

10．その他　　この内規の定めにないものは、感染対策本部長または感染対策委員長が定めるものとする。

※自宅待機等は、今後の新型コロナウイルスの解明状況、行政等の通知により変更あり。

※他施設派遣の場合、宿泊、交通、食事等は自治体規定および派遣先施設の待遇による。

この内規は、令和2年10月1日より適用する。

災害と感染症を包摂した対策とネットワーク構築

　BCPの定義の中にも、大地震等の自然災害だけでなく、感染症のまん延も不測の事態として入っています。筆者は、これまでさまざまな災害対策に関するネットワークの構築に参画してきた経験から、感染症対策にもネットワークの構築が不可欠であると考えていました。今回の新型コロナウイルス感染症の流行が、人、物、金、情報の不足を招くことが十分予想できましたので、東日本大震災時の経験を活用した新型コロナウイルス感染症対策のネットワーク構築を積極的に推進すべく活動を始めました。

図表24　東日本大震災時の経験を活用したネットワーク構築の概要

感染症対策ネットワークのもとになった連携システム
・全国認知症介護指導者ネットワーク　東北地方太平洋沖地震災害支援連携チーム
・日本認知症グループホーム協会　防災ネットワーク　緊急時災害介護派遣チーム
・日本福祉大学と提携社会福祉法人による災害時の連携・支援に関する覚書
・宮城県災害広域支援ネットワーク協議会　災害派遣福祉チーム
・宮城県老人福祉施設協議会　災害時相互支援協定書
・仙台市老人福祉施設協議会　災害時相互支援協定書
・東北ブロック老人福祉施設協議会　災害時相互支援協定書
上記を参考にした感染症対策ネットワーク
・宮城の認知症をともに考える会 　介護崩壊を防ぐために現場からの提案
・宮城県新型コロナウイルス感染症対策関係団体連絡会議 　宮城県新型コロナウイルス感染症対策介護ワーキンググループ

（1）「宮城の認知症をともに考える会」から発展した支援体制

　感染症対策ネットワークのベースになったのが「宮城の認知症をともに考える会」で提唱していた「介護崩壊を防ぐために現場からの提案」であり、ここで検討された内容をもとに、「宮城県新型コロナウイルス感染症対策関係団体連絡会議」（図表25）を筆者が提唱し、そこで組織化されたのが、「宮城県新型コロナウイルス感染症対策介護ワーキンググループ」です。クラスターが発生した場合、単独の施設・事業所や小規模な法人では対応できません。どうしても相互に助け合う仕組みが必要となってきますので、この組織を中心に、より具体的な支援体制を構築してきました。

図表25　宮城県新型コロナウイルス感染症対策関係団体連絡会議の概要

新型コロナ対策関係団体連絡会議

令和3年1月5日　16時〜

＜参加者＞
宮城県保健福祉部
・長寿社会政策課　課長
・介護人材確保推進班　班長
仙台市健康福祉局保険高齢部
・介護事業支援課　課長
関係団体等
・日本認知症グループホーム協会副会長・宮城県支部長　佐々木　薫（※筆者）
　（厚生労働省　介護施設における感染症対策力向上支援事業ワーキンググ
　ループ）
・東北大学大学院歯学研究科　災害科学国際研究所教授（厚生労働省クラス
　ター班）
・宮城の認知症をともに考える会代表世話人（宮城県精神神経科診療所協会長）
・認知症の人と家族の会　宮城県支部代表
・宮城県介護福祉士会　代表理事・会長
・宮城県看護協会　会長

<議　題>
1）ケア付き宿泊施設について
・感染者コホート施設を病院内に
・濃厚接触者コホート施設を特養に
・医師や看護職員の配置
2）応援派遣やケア付き介護施設への派遣に係る経費について
・応援期間後、14日間の健康観察期間の給与の件
・施設に残る職員への時間外手当の件
・独自の保険加入の件、他
3）スティグマや公表の件
・差別や偏見がないように県からの声明文の発出
・感染施設や療養施設の公表の在り方
4）応援体制や宿泊療養施設が有効活用されるための実効性のある仕組みとして
・新型コロナ対策ワーキンググループの設置
・応援派遣を受ける可能性のある県内の全事業所での事前準備
・予め行う研修内容や訓練内容（とくに直接応援の職員）
・発生施設と応援派遣元の間で、派遣前に合意しておくべきこと
5）その他

（2）「介護崩壊を防ぐために現場からの提案」のネットワーク活動

　2020（令和2）年6月より、「介護崩壊を防ぐために現場からの提案」の賛同者や協力者を募り、活動を開始しました。毎週月曜17時半にWeb会議を開催し、新型コロナウイルスに関する情報交換やネットワーク構築の検討、オンラインセミナー等の企画を協議して実践してきました。これらの活動が、「感染症発生時における職員の派遣等に関するマニュアル」に基づく応援職員派遣や「宮城県新型コロナウイルス感染症対策介護ワーキンググループ」に発展し、自治体や福祉団体などの福祉関係者とのネットワーク構築活動につながっていきました。

図表26　当初筆者が提案した、宮城県の災害応援派遣をもとにした連携モデル

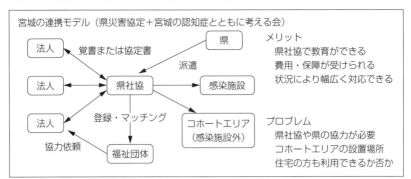

（3）「感染症発生時における職員の派遣等に関するマニュアル」に基づく応援職員派遣

　2020（令和2）年9月より、応援職員派遣に協力する、宮城県老人福祉施設協議会、仙台市老人福祉施設協議会、宮城県老人保健施設連絡協議会、宮城県認知症グループホーム協議会、日本認知症グループホーム協会宮城県支部の福祉団体が、宮城県と委託契約を締結して、クラスター発生に備えていました。

　宮城県では、「感染症発生時における職員の派遣等に関するマニュアル」を作成しており、その中で、実際の対応としては、職員のやりくりがつかない法人の感染していない施設・事業所への「玉突き派遣」と、感染症発生施設・事業所への「直接派遣」の2種類があることを説明しています（図表27）。

図表27 応援職員の派遣について

（イ）玉突き派遣について

　県内の介護施設等において感染症が発生し、同一法人内で配置換え等の措置を講じた結果職員が不足した施設等へ別法人から一定期間出張し、当該施設等の業務に従事すること。

　県及び協力団体（各施設間における職員の派遣等について県と委託契約を締結した下記団体）の調整により実施します。

※協力団体
・宮城県老人保健施設連絡協議会
・宮城県老人福祉施設協議会
・仙台市老人福祉施設協議会
・宮城県認知症グループホーム協議会
・日本認知症グループホーム協会宮城県支部

応援職員派遣枠組み【玉突き派遣型】

高齢者関係団体
（老健協，老施協等）

派遣候補者名簿の作成・共有
②協議の依頼
⑤協議成立通知

県（長寿社会政策課）

派遣候補者登録

③派遣の協議　④派遣の承諾

⑥派遣決定　①派遣依頼

高齢者関係団体会員施設

法人a

県内施設
（派遣元）

⑦派遣協定締結
※必要に応じて
⑧職員の派遣

派遣が必要な施設
（派遣先）

職員の派遣

感染症発生施設

（ロ）直接派遣について

　県内の介護施設等において感染症が発生した場合に、同一法人内で配置換え等を行うことができないため、別法人から感染症発生施設等へ一定期間出張し、当該施設等の業務に従事すること。

出典：宮城県「応援職員派遣マニュアル（感染症発生時における職員の派遣等に関するマニュアル）」（令和2年12月24日作成）
（https://www.pref.miyagi.jp/documents/8877/826231.pdf）

　2020（令和2）年11月〜2023（令和5）年1月までに、宮城県内では多数のクラスターが発生し、施設・事業所は人員のやりくりに困窮しましたが、事前に応援職員派遣システムを構築していたことにより、大きな混乱は避けられました。この期間の応援職員派遣の合計数は、玉突き派遣が21件、直接派遣が21件、派遣人数で70人、99人、延べ人数で260人、504人の実績がありました。事前の備えが、法人や施設・事業所はもとより、多くの利用者、利用者の家族、職員を助けたことになったのです。

　2023（令和5）年1月現在、派遣候補者名簿登録者数は、5団体合計で玉突き派遣が739人、直接派遣が250人で、約1,000人の方に登録いただいており、人材確保が困難になった場合の相互支援に備えています。

　なお、オミクロン株が流行してからは発症期間が短くなり、自施設・事業所の感染者が多くなり応援派遣する余裕がなくなったことから、応援職員派遣の要請が多くなっているものの対応に難しい状況なども出てきています。

（4）「宮城県新型コロナウイルス感染症対策介護ワーキンググループ」の活動

　法人間連携や人材確保、人材育成に関しては、宮城県や仙台市、県内の福祉団体や専門職団体などの関係者と協議してきました。クラスター発生時や小規模な施設・事業所、在宅での対応については、困難な状況が予想されるため、他法人の職員から支援を受けられるような仕組みが継続的に必要です。さらには、感染者や濃厚接触者のコホーティング（集団隔離）の場所（介護老人保健施設や特別養護老人ホームの空床エリアや軽症者向け宿泊療養施設など）の指定が必要ではないかとの提案を行うことも必要で、実際に筆者の事例では、県内に2ヶ所のケア付き

宿泊療養施設を設置してもらいました。これは、在宅介護を行う介護家族に活用できるものと考えていましたが、実際に多くの方を支援することができたと思っています。

　なお、法人間連携や人材確保・育成に関しては、感染症専門医や看護協会などの医療関係者と各福祉団体、ケアマネ協会、介護福祉士会などの福祉関係者に、宮城県や仙台市、さらには認知症当事者や家族の会も交えて、毎週金曜日に協議しています。

　さまざまな研修会をはじめ、新型コロナウイルス感染症発生時の参考指針や感染対策のマトリックス、面会のポイント、対策動画、アンケート、提言、メッセージ、チラシ等の作成を行い、宮城県のホームページにアップして啓発活動を行っていますので、下記の宮城県のWebサイトに公表されている情報を、適宜参考にしてください。

新型コロナウイルス関連情報（介護サービス事業者向け）

・水際対策：新型コロナウイルスを施設に持ち込まないための参考指針

・施設における流行前後・ワクチン接種前後の感染対策（参考マトリックス）

・新型コロナウイルス感染症が入居系施設で発生したときの参考指針

・新型コロナウイルス感染症が通所系施設で発生したときの参考指針

・新型コロナウイルス感染症が入居系施設で発生したときの参考指針（勤務可能な職員が限られるとき／感染者が入院できないとき）

・高齢者施設（入所系、通所系）における新型コロナウイルス感染症対策に関するアンケート

・新型コロナウイルス感染症から高齢者を守るための施設へのメッ

　また、「宮城県新型コロナウイルス感染症対策介護ワーキンググルー
プ」の構成団体の協力により、参考指針等に関する研修動画が作成され
ています。

　（【宮城県新型コロナ対策介護WG】各種参考指針に関する研修動画リ
スト（https://www.youtube.com/playlist?list=PLmNwxmJPgZ0yASF
9tJANK1-dvxa5Ut-uX））

　新型コロナウイルス感染症が発生して以降、関係者の方々がどのよう
な想いを持ち、対応に取り組まれたかなどの貴重な意見や介護の現場に
おける各種対応策について、わかりやすく解説し、さまざまなカテゴリ
に分けて動画を掲載していますので、こちらもぜひご覧いただき、適宜
参考にしてください。

　自然災害であれ、感染症であれ、重大な危機は突然にやってきます。
これらに対応するためには、事前に備えておくのが一番ですが、すべて
が準備できているわけではありません。速やかに対応するには、今ある
ものをいかに活用するかが重要なポイントとなります。

　現在の新型コロナウイルス感染症の流行では、クラスターが発生した
場合、特に人のやりくりが大変な状況になっています。この人員確保の
課題は東日本大震災時と一緒でしたので、前述の通り、筆者は、県全体
の災害対策のネットワークを参考に、県独自の感染症対策のネットワー
ク構築に活用しました。高齢者部門においては、参画する福祉団体はほ
ぼ一緒ですので、知らない関係者でネットワークを構築するよりも、早

く連携することができますし、今ある体制を活用できる場合もあります。

　施設・事業所および法人内においても、この構図はまったく一緒ですので、自然災害や感染症も危機管理やリスクマネジメントの観点から、一体的にBCPを作成したり運用したりすることも有効だと考えています。今後、感染症が流行している時に、地震や津波、豪雨災害が発生しないとも限りません。このような状況が発生した時を想定して、BCPを修正したり、研修や訓練を実施したりするなど、万が一に備えておくことが重要です。

第4章

BCPの運用、「連携」で
困った際のQ&A

Q1 サービスが複合的にある施設・事業所の場合、どのようにBCPを作成したらよいでしょうか。
また、法人内に複数の施設・事業所があり、介護以外の施設・事業所がある場合、施設・事業所間の連携について、BCPにどのように盛り込み、行えばよいでしょうか。

A 　サービスが複合的にある施設・事業所の場合には、それぞれの事業の特性に応じたBCPを作成する必要があり、さらには、その施設・事業所のある地域環境に応じたBCPにする必要があります。その上で、その事業所が属している法人や団体等のBCPと連動していることが重要です。

　例えば、高齢者施設と児童施設、障害者施設では、対象者が違うので準備する物や設備が違ってきますし、同じ障害者施設でも、身体障害者と知的障害者では、心身の状況や身体の動きが違うので対応の仕方も違ってきます。同様に高齢者施設でも、入居サービスと通所サービスと訪問サービスでは対応の仕方が違ってきます。通所サービスや訪問サービスは、基本的に家族がいますので、家族に引き渡すまでの間、何とか安心安全な対策を講じれば済みます。しかし、入居サービスでは、家族に引き渡すことはできませんので、丸抱えで安心安全な対策を講じなければなりません。

　また、地域環境は、具体的には、ハザードマップに記載されている立地条件はもちろんのことですが、都市部なのか過疎地なのか、近隣の避難場所や大きな建物の有無、交通渋滞や避難経路の安全性、ライフラインの確保、地域住民との関係性などさまざまです。どのような立地条件か地域環境かなどによって、水平避難か垂直避難かの選択や、その後の

生活状況が変わってきますので、BCPにも、これらを勘案した対策を盛り込んでおく必要があります。

　所属する法人や団体等のBCPとの連動は必須です。なぜなら、物資や人の応援は当たり前ですが、どのサービスを継続して、どのサービスを停止するのか、いつ復旧させるのかは、法人の決定になります。法人としても、法人のBCPを作成しておけばよいというわけではありません。各サービス、施設・事業所の特性や立地条件を把握しておき、適切な判断や対応をすることが肝要です。そのためには、法人と各サービス、施設・事業所のメンバーからなる対策委員会などがあるとよいでしょう。その委員会で、BCPの作成や見直しを行い、さらには、災害対策や感染症対策等の研修や訓練を実施するのが理想的です（本書第1章第2節参照）。

Q2　地域との連携について、BCPにどのように盛り込み、進めていったらよいでしょうか。また、小規模な施設・事業所の場合、どのように連携したらよいでしょうか。

A　地域との連携については、本文にも記載していますが、常日頃から顔の見える関係を築いておくことが何より重要です。そのためには、各施設・事業所の特性に応じて、地域住民との交流を図る工夫が必要となります（本書第1章第3節参照）。

　本書の事例として掲げている筆者の施設の中には、開設以前から地域連携を念頭においた「葉山地域交流プラザ」を設置しているのが最大の特徴です。喫茶店、レストラン、理美容室、おもちゃ図書館、予防リハ

ビリセンター、ボランティア活動センター、展望風呂などがあり、月曜日の定休日以外は、いつでもお茶をしたり、髪を切ったり、運動したり、お風呂を楽しんだりすることができます。家族の方はもちろん、地域の方も利用しているので、利用者の方と自然に交流が図れるようになっています（本書P11図表4参照）。

　しかし、重要なのは同じようなものを設置することではなく、施設・事業所が大規模であろうが小規模であろうが関係はなく、今持っている施設・事業所の機能を生かした交流を図ればよいのです。ハード面でいえば、空いている部屋を地域に貸し出したり、ソフト面でいえば、地域向けの交流イベントをいろいろ開催したりするなどが考えられます（下図参照）。

　大きな施設・事業所は、人員やハード面での有利さはありますが、逆に意思決定のプロセスが複雑で、機関決定に時間を要し、こまめな交流ができない可能性があります。

葉山地域交流プラザの地域交流・地域支援

1	イベントの開催
2	らくらくサロン
3	見々学々講座
4	気楽だネット
5	小・中学校との連携
6	楽々健康塾
7	元気応援教室
8	家族交流会
9	葉山クラブ
10	乙女会
11	ボランティアバンク
12	研修生、見学者の受け入れ
13	施設の開放（施設貸出含む）

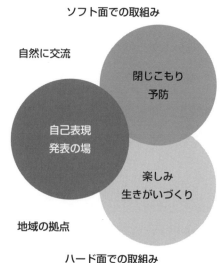

ソフト面での取組み

自然に交流

閉じこもり
予防

自己表現
発表の場

楽しみ
生きがいづくり

地域の拠点

ハード面での取組み

　認知症グループホームや小規模多機能型施設、認知症デイサービスセンター等の地域密着型サービスの小さな施設・事業所は、運営推進会議の開催が義務化されていますので、ここで地域関係者との意見交換や交流が図れると思います。小規模な施設・事業所の方が、定期的に、そして手軽に交流が図れる機会が多いわけですから、これらを大いに活用し、職員のアイデアや工夫で地域交流を地道に継続していくことが大切です。

　また、平時から、施設・事業所の大小にかかわらず、近隣小学校や町内会と防災訓練や避難訓練を合同で行ったり、災害対策会議を開催したりするなど、普段から連携しておくことが大切です（本書第2章第2節（2）③参照）。

Q3 自治体との連携や福祉避難所として対応する場合の留意点は何でしょうか。

A　自治体との連携についても、常日頃からこまめに災害対策について相談しておくことが大切です。自治体の担当者は短い期間で異動したり配置換えしたりすることが多いので、時間を見計らって顔出ししておくと、いざという時にスムーズに対応してくれる可能性が高まります。さらには、自治体の有益な情報が得られる場合もあります。現在、自治体にはどのような支援計画や支援体制があるのか、被災した場合の物資の補給や補助金のシステムがあるのか等を把握する機会にもなります。これらの情報もBCPに盛り込んでおくと、さらに災害対策の実効性が増します。

介護施設・事業所が地域の災害支援拠点になる可能性があることは、本文（本書序章第2節(5)②）でも述べていますが、筆者は、福祉避難所として延べ139人（日）も受け入れたにもかかわらず、応援職員や支援物資がすぐ来なかった経験から、自治体との形式上の協定だけではなく、事前協議を十分に行った上での具体的な事前の備えが何より重要であると考えています。

　また、要援護者の情報も少なく、受け入れ側としては手探りの状態でケアしなければならない現状でしたので、要援護者カード等の情報共有の手段を平時から事前に準備しておく必要があります。いずれにしても、人・物・金・情報の提供を速やかに実行できるように、事前に自治体との詳細事項を詰めておかなければなりません。

　福祉避難所をBCPに必ず盛り込む必要はありませんが、協定書を一緒にファイリングしておく必要がありますし、自治体と事前協議した内容も併せてファイリングしておくとよいでしょう。もし、BCPに盛り込むとすれば、福祉避難所開設の図上訓練が実施できるような形式がよいのではないかと思います（図表28）。

図表28　福祉避難所開設の図上訓練の実施手順（例）

　１．現状の分析　①地域の被害想定　②参集できる職員　③備品の状況
　　　　　　　　　　④福祉避難所としてのスペース
　２．計画の検討　①運営体制（スタッフの役割）　②日程の決定　③避難所の
　　　　　　　　　　配置計画　③想定シナリオの作成（開設要請から終了まで時
　　　　　　　　　　間に合わせ数種類）
　３．訓練の開始（シナリオの順番に沿って連絡したり、具体的に動いたりして
　　　　　　　　　みる）
　　　　　　　　　①自治体からの受け入れ依頼　②配置計画の張出し　③ス
　　　　　　　　　タッフの配置　④必要備品の配置　⑤要配慮者の受け入れ
　　　　　　　　　⑥自治体への受け入れ報告

4．振り返り　　①振り返りシートや気づきシートへの記入　②計画やBCP
　　　　　　　　　の修正

Q4 BCPの運用において、職員への意識づけをどのように行っていけばよいでしょうか。

A 　施設・事業所に一番に求められることは、利用者の安全とその後の生活の継続です。そのためには、具体的な災害対応マニュアルや防災計画の策定と、早期に復旧・復興するためのBCP策定が急務となります。施設・事業所単体では難しい面もあるので、法人や団体等と連携して対応策を検討する必要があり、緊急時には、実際に動けるように、平時からさまざまな想定に基づいた避難訓練や防災教育を職員に行っておく必要があります。

　特に、いろいろな場面を想定した図上訓練が有効ですので、災害の種類、災害規模、春・夏・秋・冬などの季節状況、朝・昼・夕・夜間想定、職員の参集状況、法人内連携、地域との連携、自治体との連携、広域連携などを組み合わせたシナリオを作成し、定期的に訓練を実施することが重要です。（本書第2章第1節(2)(3)、Q3参照）

　常に施設・事業所長やリーダー、防災・研修担当者が主導の研修や訓練だけでは、なおざりになってしまいますので、さまざまな職員を防災担当者や研修担当者に任命したり、訓練の企画に参画させたりする方法もあります。そのためには、防災士の資格取得のSDS（自己啓発援助制度）や外部研修によるOFF-JT（職場外研修）も有効です。その際は、

必ずフィードバック研修を行い、職員全員で共有してください。

よく「想定をするな」という方もいますが、できる限りのあらゆる想定を行った上での対応が災害対策の基本と筆者は考えています。

Q5 災害時に介護職員の派遣を行う際、行ってもらう際に、どのような対応が必要でしょうか。また、その内容について、BCPにどのように盛り込んだらよいでしょうか。

A 東日本大震災時は、筆者の施設でも、被災者の受け入れでは、定員超過に伴う人材不足が課題でした。また、他の被災者受入施設や被災施設でも同様に人材不足で苦慮しているのではないかと考え、介護職員の人材派遣を行うこととしました。これを始めるに当たっては、以下の理由がありました。

被災者受入施設・被災施設への介護ボランティア派遣を始めた理由

1. 当初、厚生労働省と種別協議会（各福祉団体）の人材派遣事業がうまくいっていなかったこと。（出向職員としての派遣は、被災施設の混乱状態では受け入れが無理）
2. 全国のたくさんの仲間が支援の手を挙げたが、現地の施設とマッチングさせる公的なコーディネーターが宮城県に不在だったこと。
3. 北海道老人福祉施設協議会（老施協）や名古屋市老人福祉施設協議会（老施協）の会長が以前からの知り合いで、災害支援に熱心だったことと筆者にコーディネーターを依頼してきたこと。
4. 筆者が日本福祉大学提携法人の介護ボランティア担当理事として、当施設群との人材派遣システムを構築し、派遣受入計画書を作成するなどノウハウがあったこと。

> 5. 宮城県老人福祉施設協議会の会長の協力が得られ、災害対策本部長になっ
> 　たこと。

　本文でも述べましたように、北海道老施協や名古屋市老施協の会長や
担当者の方が速やかに駆けつけていただき、提携法人と筆者の施設とで
運用していた介護ボランティア派遣システムをもとに、他施設にも使え
るように改善した派遣受入計画を作成し、切れ目のない継続した支援を
続けてきました（本書第2章第4節参照）。

　このように始めた介護ボランティアの派遣事業でしたが、当初はス
ムーズにいきませんでした。原因の一つは、東北人の粘り強さと言いま
すか我慢強さと言いますか、これまで自分達だけで頑張ってきたところ
に他者を入れると、張りつめた緊張の糸が切れてモチベーションが下が
ることが心配なので、大変ではあるものの、このまま現状を維持して頑
張りたいとの想いがあったかと思います。

　しかしながら、筆者が訴えてきたことは、疲弊した職員や定員増に伴
う人材不足で、ケアの質が担保できるかということです。介護ボラン
ティアを投入することで、利用者と職員が多少でも元気と活力を取り戻
し、居住環境や物資が不十分な中でも、ゆとりを持って被災高齢者をケ
アする方が、長い被災生活を乗り切れる旨を説いた記憶があります。

　そこで、少しでも受け入れが増えるように考え、次の点に心掛けてボ
ランティア派遣を行うこととしました。それは、被災施設でも受け入れ
やすい、派遣施設でも行いやすいシステムの構築でした。純粋にボラン
ティアとしての受け入れなので、被災施設側にとっては費用が発生せず
手続きも簡便ですし、準備することといえば、ボランティアの寝所と寝
具、食事の提供だけで、ライフラインや物流が復旧した東日本大震災後
の2011（平成23）年4月以降は、さほど負担にならないものでした。

また、派遣施設側にとっても、まったく知らない被災地での支援活動なので、睡眠と食事の確保は何より安心できる材料となります。そして、職員を派遣するに当たっては、家族の理解が大切ですので、本人や家族の安心安全のためにも、保険の加入や派遣受入計画書等での事前説明も重要となってきます（図表29）。

　一番大事なことは、被災地の利用者や職員の立場になって考えるということです。自分の考えを押しつけるのではなく、まずは傾聴し寄り添いながら、何を必要としているのかを把握し、相手が望むことをそっと手助けすることが大切です。本人ができることまで取り上げて支援することは、その後の自立を阻害することになりますので注意する必要があります。また、当然のことながら、肉親を亡くしたり家を失ったりしている人も多いので、相手のプライバシーに土足で入って行くようなことは厳禁です。

　現在、短期的な支援については各県のDWAT（災害派遣福祉チーム）や各福祉団体が組織したDWATまたはDCAT（災害派遣介護チーム）がありますので、そちらに登録して相互支援体制に参画するとよいと思います。ただし、東日本大震災時のように長期にわたる場合は、広域連携としての介護ボランティアも必要になってくるかと思いますので、その点も普段から認識しておき、BCPに組み込んでおくのも一つの手だと思います。

図表29　介護ボランティア派遣受入計画書

名古屋・宮城・仙台災害支援連携チーム
介護ボランティア派遣受入計画書

　派遣・受入の双方の対策本部は、名古屋市老施協、宮城県老施協、仙台市老施協、その他の団体と連絡・連携を図りながら、介護ボランティア派遣受入事業を実施します。老施協の会員・非会員、その他種別協を問わず、オール・ジャパンで支援・受入体制を整備する。

１．派遣職員のキャリア（経験）等
　　派遣職員はある程度の介護経験（数年以上）のある方で、できれば有資格者の方（介護福祉士、ヘルパー２級、看護師等）を派遣します。尚、看護師については、医療処置や医療的ケアをお願いする場合もあります。
２．チーム編成・勤務シフト
　　基本は、２名で１チームの派遣受入になりますが、３名や１名の派遣受入も可で、派遣受入場所や施設、ユニットの活動内容によって、チーム編成や勤務シフトがかわります。
　　＊福祉避難所等の活動では、２人１組で３チーム又は３人１組で２チームの派遣受入体制を整え、計６名で介護・支援を行い、勤務シフトは夜勤を含むローテーション勤務となる場合があります。期間内で「明け」「休日」を設けます。
３．派遣受入期間
　　期間は１チーム14日間（移動日として２日間を含む）を原則として派遣します。
　　チームの期間は疲労を考慮し、最大２期間を限度として継続をすることが可能です。
４．活動場所・宿泊場所
　　活動場所は、特別養護老人ホームを中心に想定しておりますが、受入側の事情によりグループホーム、デイサービス、老人保健施設など他の施設になる場合もあります。宿泊場所は、原則として施設内に確保します。ただし、移動等に支障が出ない範囲で個別に宿泊場所が確保できる場合は、個別で対応していただいてもかまいません。
５．寝具・食事
　　緊急時でもありますが、受入側の施設に寝具と食事の提供をお願いします。

なお、個別に宿泊場所を確保した場合、寝具と勤務外の食事については準備できません。また、一般避難所や被災施設で活動する場合は、各自で寝具と食事を用意する場合もあります。

6．交通機関・受入体制

派遣受入施設までの交通機関については斡旋しません。あくまでも現地での集合となりますので、各自で交通手段やルートを確認し集合時間に遅れないようにして下さい。

受入側では、担当者を配置するなど、ボランティアが困らないよう配慮しましょう。

7．旅費・賃金

あくまでもボランティアとしての派遣をお願いいたしますので、派遣側の社会福祉法人・福祉施設の業務として出張していただくことになります。したがって自法人、自施設の規定に基づいて派遣側が負担していただくことになります。

8．保険等

受入側は、全社協の「しせつの損害補償」に加入していれば、職員と同等の補償が受けられます。加入していない場合は、受入側の法人・施設でボランティア保険に加入して下さい。それ以外（例えば移動中の事故等）は、派遣側での対応をお願いします。

9．受入対策本部及び派遣支援本部の役割と派遣までの流れ

①受入側の災害対策本部は、介護ボランティア派遣受入計画書や介護ボランティア希望票を基に、被災地域の受入施設の状況と介護ボランティアの要請人数の取りまとめを行い、受入施設リストを作成し、派遣側の支援対策本部と調整します。

②派遣側の支援対策本部は、介護ボランティア派遣受入計画書や介護ボランティア登録票を基に、各施設に派遣依頼を要請して人数の把握等の取りまとめを行い、介護ボランティア派遣リストを作成し、受入側の災害対策本部と調整します。

③作成した受入施設リストと介護ボランティア派遣リストを基に、双方ですり合わせ作業を行い、受入側・派遣側の施設へチーム編成や時期等の決定事項を連絡します。

10．変更・終了

内容の変更や派遣受入終了時には、相手先と各々の対策本部へ速やかに報告して下さい。

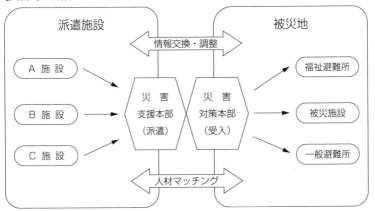

【災害時の介護ボランティア派遣受入事業のイメージ図】

＊連絡先

【宮城・仙台災害対策本部】

　　　社会福祉法人　仙台市社会事業協会　仙台楽生園ユニットケア施設群

　　※災害対策本部長：総括施設長　佐々木　薫（※筆者）

　　※受入連絡担当者：○○　○○

【名古屋災害支援本部】

　　※災害支援本部長：○○　施設長　○○　○○

　　※派遣連絡担当者：○○　○○

社会福祉法人仙台市社会事業協会　事業継続計画（BCP）～大規模震災版～

（令和３年６月24日現在）

目　次

> ●危機管理規程 　●災害対策ネットワーク委員会会則 　●災害対策組織図
> ●連絡先一覧 　●物品借用書 　●所有物品リスト

第1章　事業継続計画（BCP）の目的

　地震や水害をはじめとした自然災害・事故・事件（以下「災害等」という。）の発生に対応するため、ここに事業継続計画（以下「BCP」という。）を定める。

　当BCPは、法人における危機管理規程に基づき、職員や利用者等の生命及び身体の安全確保を図ることと併せ、財産の保護、事業・活動の継続並びに再開に努めることを目的とする。

第2章　事業継続計画（BCP）の方針

　法人に所属する職員は、法人における危機管理体制が適切かつ有効に機能するよう、次の各号に掲げている内容に危機管理意識を持って、職務の遂行に当たるものとする。

　①職員や利用者等の生命及び身体の安全確保を最優先とする。

　②法人・事業所の財産の保護に努める。

　③法人・事業所における事業及び活動の継続又は速やかな再開に努める。

　④平時より、危機の未然防止に努める。

　⑤平時より、災害対策研修や訓練等を実施し、危機管理の人材育成に努める。

※自然災害以外の感染症又は経済的状況等が原因で、突発的な緊急事態が発生した際は、大規模震災版のBCPに準じて、危機管理対策を行うものとする。

第3章　法人における危機管理対策

　1）危機管理規程の目的

　　　この規程は、社会福祉法人仙台市社会事業協会（以下「法人」という。）において発生する危機に迅速かつ的確に対応するため、法人における危機管理体制その他基本事項を定めることにより、職員や利用者等の安全確保を図るとともに、法人の社会的な責任を果たすことを目的とする。

　2）被災時における法人の役割

　①被害状況の把握

　　　災害発生地区の報告により災害状況を把握する。

　②災害方針の決定

　　　災害状況により、対応方針を決定し、各施設・事業所に対応の指示を行う。

　③応援要請への対応指示

各施設・事業所からの応援要請等により支援体制の方針を決定し、各施設・事業所長に支援に関する指示をする

３）被災時における会長（災害対策本部長）の代行者

第１代行者	第２代行者	第３代行者
担当理事	事務局長	災害対策ネットワーク委員長

４）法人における危機管理システム
　　①事業継続計画（BCP）の策定
　　②災害対策ネットワーク委員会の設置
　　③災害対策本部の設置

第4章　災害対策ネットワーク委員会の設置

１）委員会の目的
　　災害対策ネットワーク委員会は、社会福祉法人仙台市社会事業協会（以下「法人」という。）危機管理規程に基づき、危機を未然に防止するための措置、職員や利用者等の生命及び身体の安全確保に関する措置、法人の財産の保護に努める措置について、法人内外の関係者や関係機関と連携して対策を講ずることを目的とする。

２）委員会の任務
　　平時から下記の項目について協議し、緊急の事態に備えることを任務とする。
　　①地域防災に関する対応方針の決定
　　②提携法人との連絡調整
　　③関係機関との連絡調整
　　④福祉避難所の運営と仙台市との連絡調整
　　⑤災害救援チームの派遣及び対策の要請
　　⑥建物被害の把握・緊急予算の措置
　　⑦職員・利用者の安否確認
　　⑧役員・関係者への連絡調整
　　⑨行政・関係機関からの情報収集、整理及び分析
　　⑩災害機器・備品の管理・調達
　　⑪危機管理の啓発、防災教育の実施
　　⑫BCPの策定及び見直し

第5章　災害対策本部の設置

危機管理規程に基づき、一定規模の災害等が発生したときには、速やかに災害対策本部を設置するものとする。

1）目　的

地震災害等は、同時多発し、その活動は長時間と多くの人の協力が必要となることから、法人が一体となって人命の安全と被害の軽減及び復旧対策を行うため「災害対策本部」を設置する。

2）設置時期

震度6弱以上の地震が発生した場合やその他の災害状況により、対応方針を決定させ、各施設・事業所に対応の指示を必要とする場合に設置する。

3）活動内容

災害対策本部は、被害の状況の把握、自衛消防活動の支援、応急対策の決定、復旧計画の策定等他、震災害全般にわたって決定する。

第6章　その他

1）災害対策拠点設置候補場所

第1候補場所	第2候補場所	第3候補場所	第4候補場所
法人事務局 （仙台長生園）	仙台楽生園	中山保育園	柏木保育園

2）災害対策拠点に必要な備品

備品リスト	備考
ホワイトボード・パソコン・プリンター・電話・衛星電話・携帯電話・FAX・トランシーバー・防災ラジオ・テレビ・懐中電灯・ヘルメット・寝袋・ノート・筆記用具・LEDランタン大	

3）法人の災害対策として用意する備品整備（別表　略）

項目	保管場所	メンテナンス担当者	備考
食料品			非常食メニュー（別表1）
看護、衛生用品、医薬品			備品リスト（別表2）
日用品		日用品係（　　）	備品リスト（別表3）
災害用備品	防災倉庫	防災管理者	備品リスト（別表4）

125

防災倉庫	防火管理者	防寒シートなど	リヤカー、テント
	防災倉庫	防火管理者	防寒シートなど

4）災害時における所有物品リストの活用

① 所有物品リストは、あくまでも目安である。事業所間で相互に連絡を取り合い、提供できるものや数量を確認した上で運用する。

② 所有物品リストの更新は、年1回〜4回を行うものとし、各事業所間で最新の情報を共有する。

③ 物品の提供は速やかに行い、ある程度終息した時点で、法人及び事業所間で十分に話し合い、経費の精算や物品の補填などについて対応する。

④ 借用書に必要事項を記入し、事前の申し込みを基本とするが、緊急の場合は後日の提出も可とする。

第7章　法人災害対策マニュアル

下記の項目について、各事業所の実情に応じBCP及び災害対策マニュアルを整備する。

1）実施する業務

時間	実施する業務
①発災直後	・　火災対応 ・　避難経路確保 ・　安否確認、声掛け、報告 ・　応急救護（医療機関への連絡、搬送） ・　情報収集及び通信手段の確保 ・　設備被害状況確認
②発災当日	・　職員の安否確認、声掛け、帰宅支援、報告（継続的に実施） ・　職員の勤務調整 ・　職員の安否確認・報告、並びに職員の招集・人員確保 ・　要援護者の受け入れ（地域ニーズへの対応） ・　災害対策本部の設置 ・　行政機関等への連絡 ・　敷地内法人事業所、地区指定避難所との協力 ・　嘱託医他医療機関への連絡、搬送 ・　ポータブル自家発電稼働・照明設備設置 ・　防寒・防暑対策 ・　食事の手配 ・　トイレ対策

	・ 衛生管理
	・ 施設の防犯対策
③翌日～3日後	・ ＜発生直後、当日業務のうち、必要なものを継続＞
	・ 問い合わせ対応
	・ 施設・設備被害状況確認（写真撮影、応急復旧）
	・ 備蓄品や消耗品の確認
	・ 職員の安否確認・報告並びに職員の招集、人員確保（継続）
	・ 職員の健康管理
	・ 建物の安全確認（可能な限り早急に）
	・ ライフラインの復旧（可能な限り早急に）
業務実施の考え方	【設備被害状況確認】 　二次被害の防止、使用可否の判断、保険請求、復旧作業などに関わり、重要である。 　施設・設備の点検箇所及び点検内容をまとめたチェックリストに基づき確認。被害箇所は可能な限り写真で記録をとる。 　なお、施設本体あるいは立地等に危険がある場合には、より安全な施設へ避難することが必要になるため、事前に※○○○○への避難経路を確認する。 【通信手段の確保・情報システムの復旧】 　安否確認や関係機関への連絡のため、通信手段の確保は優先する必要がある。 　災害時優先電話の設置、情報システムのデータに関する外部バックアップシステムについて検討する。 【情報発信、関係機関への協力】 　被害状況確認及び業務実施方針の決定後、法人施設・事業所、嘱託医、仙台市健康福祉局総務課等に連絡する。 　・情報入手手段としては、防災ラジオを活用する。 　・事前に情報発信先・情報入手先のリストを作成しておく。 【人員確保】 　職員の安否確認は24時間以内に報告、集約を目安とする。自動発信メールによる確認。 　防災及び震災時緊急出勤の基準に従い、自身と家族の安全を確保したら、自動的に参集する。 【外部支援者等の受入れ、対応】 　・外部支援者の受入れについては、法人本部を通じて行う。 　・平時から活動している一般ボランティアは、災害時も連絡を取り支援を求める可能性があることを伝え、了解を取っておく。 【職員への対応】

	・法人内他施設で有事の職員の融通の仕方や他施設からの職員に実施してもらう業務内容等を予め検討しておく。 ・法人本部を通じて、日本福祉大学との災害協定に基づき連携を図る。 ・職員は各自で体調管理を行うと同時に、職員間で互いに確認しあう。
④4日後以降	・　＜3日後までの業務のうち、必要なものを継続＞ ・　通信手段の確保 ・　情報発信 ・　法人施設・事業所、行政、関係団体等との情報共有、調整 ・　必要物資の調達、支援物資の受け入れ ・　被害箇所の復旧 ・　情報システムの復旧

2）管理関連業務

A．経理業務	
対象業務	・　給与計算 ・　納入業者支払い
継続・縮小の考え方	経理業務は、後日対応も可能であるため、被災後3日間の短期間では原則休止とする。 ・　給与支払いは従業員の生活に直結するので、暫定的に前月と同額を支払う。

B．管理業務 ①　設備機器等の保守・点検に関する業務	
対象業務	・　電気設備 ・　上下水設備 ・　ガス設備 ・　医療機器
継続・縮小の考え方	管理業務は、被災直後に建物、施設、設備の点検、稼働の状況確認が重要である。設備に関する操作手順を作成し、職員に周知する。 ・　建物や設備の安全確認と修復を速やかに行えるよう施工業者等と事前に提携する。 ・　業者への連絡網を作成し活用する。

B．管理業務 ②　備品等の在庫管理に関する業務	
対象業務	・　消耗品・燃料等の在庫管理・発注

継続・縮小の考え方	設備備品等（ライフラインを維持するために必要な燃料、重要業務や生活必要な消耗品）の在庫管理に関する業務は、被災直後の点検業務にあわせ、必要に応じて対応、発注を継続する。

３）課題と対策

A．災害対応体制	
連絡体制	・ 電話等の連絡手段は非常用電源に接続しておく。 ・ 災害時の情報収集においては、防災ラジオを活用する。 ・ 職員の安否連絡

B．職員等の確保	
職員等の確保	・ 職員が被災したり、道路が通行止めになる可能性等を考え、平時から法人本部、敷地内他事業所と連絡体制を整備し、外部支援の受け入れ態勢について確認しておく。 ・ 外部応援者等には、日常的に必要な情報を文章をもって共有する。

C．関係機関との連携	
関係機関との連携	・ 近隣の施設を提携避難先とする。 ・ 地域指定避難所である荒巻小学校及び地区社会福祉協議会等各関係機関と、荒巻地区防災会議を通じて連携する。 ・ 法人本部を通じ、市内にある各法人事業所と連携する。 ・ 法人で提携する他県の法人と連携する。

D．転落防止対策等	
什器、家具機器等の転落防止	・ ロッカーの転落防止措置を行う。 ・ 窓ガラス等の飛散防止対策を行う。 ・ 薬品棚は薬品類の転倒、落下防止対策を行う。 ・ 危険物等の流出、漏えい防止措置を行う。 ・ 高所に置かれた重量物は低所に移動する。

E．ライフライン	
① 電気	・ ポータブル発電機を動かせる職員の増員。 ・ 停電時、電力を使用しない冷暖房器具と、その燃料を確保しておく。
② 上下水	・ 調理、食事・補水は、備蓄水、容器で対応する。 ・ 入浴はウェットティッシュによる清拭で代替する。 ・ 排泄は、下水が使用できない場合は、汲み置き水の利用を検討する。

	・	保清はウェットティッシュで代替する。
③　ガス	・	カセットコンロとガスボンベを備蓄し、プロパンガス使用時は必要最低限にとどめる。
	・	備蓄食料品を利用したり、薪、カセットコンロにより調理して食事を提供する。

F．備蓄

備　蓄	・	備蓄品はリスト化して管理し、年に1回は点検し定期的に補充する。
	・	水や食料は、通常とは別に7日間分以上を備蓄する。
	・	水は調理用だけでなく、飲料や洗浄等の業務用、職員用、災害時要援護者を含めた人数分を備蓄に加えておく。
	・	食料は通常の非常食だけでなく、必要に応じて嚥下障害者用食事や減塩食の備蓄も備えておく。
	・	保存期限間近の水や食料は炊き出し訓練で費消する。
	・	感染予防対策として、消毒液やマスクを備蓄する。
	・	車のガソリンは半分程度になったら補充する。

G．文書

重要文書	・	重要書類は複写したものを○○○に保管する。
	・	重要データは法バックアップする。

H．財務

財　務	・	火災保険、地震保険に加入する。

I．教育・訓練

教育・訓練	・	教育・訓練については、防災計画上のものとBCPをあわせて、少なくとも年に1回以上行う。
	・	研修・訓練の結果によりBCPを見直し、継続的にBCPのレベル向上を図る。
	・	消火・通報・避難誘導の他、夜間非常体制下での訓練、救命救急訓練、安否確認訓練、緊急連絡訓練、参集訓練、炊き出し訓練等を定期的に行い、課題等あれば計画やマニュアルを修正する。
	・	自家発電装置の使用方法について、訓練の機会や業者の施設・設備点検の機会等に立会い、確認する。

第8章　法人各施設・事業所の事業継続計画（BCP）

（別紙（略）参照（※「特別養護老人ホーム仙台楽生園」のBCPについては資料編
P132～に収録））

第9章　関係資料（別紙（一部略）参照）

●危機管理規程（本書P88～90参照）

●災害対策ネットワーク委員会会則（本書P74に一部抜粋）

●災害対策組織図（本書P76図表21参照）

●連絡先一覧（略）

●物品借用書（略）

●所有物品リスト（略）

第1章　事業継続計画（BCP）の方針

事業継続対策の方針

- ・　利用者の生命・生活を維持するために、平時に実施しているサービスの中でも<u>生命・生活に直結する業務を中心に継続</u>し、その他は縮小あるいは休止いたします。

- ・　基本的には、短期入所・通所の全部門ともに同じ対応とします。ただし、施設自体の被害状況によっては、短期入所・通所の事業サービスを一時休止し、長期入所サービスの継続を検討する他、行政や他施設及び地域からの要望に応じて災害時要援護者の受け入れを検討します。

- ・　短期入所・通所事業を休止した場合は、再開へ向けた早期検討を行います。ま

た、在宅の利用者に対して、必要に応じての代替サービスの情報提供等を協力します。

・　停電等のライフラインの停止によって利用者の生命の維持を脅かす可能性のある業務については、人的資源や備蓄品を優先的に活用します。

・　最も優先度の高い医療関連行為については、嘱託医と連携し看護師を中心に対応いたします。

・　被災時に駆けつける外部応援者との情報共有に関すること

・　避難先確保

・　避難先の安全が確保できなかった時

・　建物設備の安全確認と修復に向けた提携

第2章　被害想定

① 発生時刻について
・　夜間防火管理体制下の午前0時を想定します。

② 人員について
・　夜勤者6名、他管理宿直員で業務を行うことを想定します。

③ 建物について
・　施設建物については、備品や家具の一部倒壊はあるものの、火災発生時以外は建物からの避難の必要はないことを想定します。

④ ライフライン
・　被災後3日間は電気・水道が供給停止となる他、ガスは1ヶ月の停止、電話や通信については通常通りに利用することが困難な状況を想定します。

⑤ 復旧・復興
・　想定は災害直後の最も厳しい時期となる3日間としていますが、実際にはそれ以降も業務縮小のうえ生活せざるを得ない状況が生じる可能性があります。建物や設備が損壊した場合は、修復に数ヶ月を要する場合もあります。職員も様々な形で被災することから、職員自身の生活が安定せず、施設の経営が弱体化する可能性もあります。

・　将来的には、長期間にわたる復旧、復興過程でのBCPを検討する必要があります。

第3章　災害時対応業務

高齢者福祉施設として「第2章　被害想定」に基づく被害状況において実施すべき災害時対応業務を挙げ、時系列で整理します。また、重要な業務実施の考え方につい

ての例を示します。

　なお、実施する業務については、夜間防火管理体制下の人員体制で実施できる業務を想定しており、参集した職員の数により対応可能な場合は、業務を繰り上げて実施していきます。

●実施する業務

時間	実施する業務
①発災直後	・　火災対応 ・　避難経路確保及び誘導 ・　閉じ込め者、受傷者の救出 ・　施設利用者の安否確認、声掛け、報告 ・　応急救護 ・　館内放送や伝令により連絡、情報提供 ・　通信手段の確保 ・　医療機関への連絡、搬送 ・　施設・設備被害状況確認（応急点検）
業務実施 考え方	【火災・避難誘導・閉じ込め者、受傷者の救出・利用者の安否確認】 　これらの業務は人命の安全に直接かかわるものであり、いずれも非常に重要である。 　①　火災対応については、夜間防火管理体制下でのマニュアルに沿って行うこととし、避難誘導・閉じ込め者救出も同様である。 　②　避難誘導については、敷地内の法人事業所及び地域住民との連携が重要である。また、避難誘導は、発生直後だけでなく、その後必要になる場合もある。周辺状況の十分な観察と適切な判断が必要となる。 　③　利用者については、声掛けをして不安の解消に努めるとともに、安否の結果を職員で共有する。また、利用者の声掛けと状況確認は、継続的に行う必要がある。 【応急救護】 　応急救護は被災直後の対応が重要である。衛生管理や警備の安全管理業務は被災直後は比較的優先度が劣後し、被災から時間の経過とともに重要度が上がっていく。救護所は楽生園診療所（本館2階）とする。
②発災当日	・　施設利用者の安否確認、声掛け、報告（継続的に実施） ・　災害対策本部の設置 ・　職員の安否確認・報告、並びに職員の招集・人員確保 ・　短期入所、通所利用者の安否確認、声掛け、報告

	・ 要援護者の受け入れ（地域ニーズへの対応） ・ 法人本部、行政及び利用者家族（契約者）等への連絡 ・ 福祉避難所開設準備、避難者の名簿（リスト作成） ・ 敷地内法人事業所、地区指定避難所との協力 ・ 嘱託医他医療機関への連絡、搬送 ・ ポータブル自家発電稼働・照明設備設置 ・ 防寒・防暑対策 ・ 食事の手配 ・ トイレ対策 ・ 衛生管理 ・ 介護業務の継続 ・ 施設の防犯対策
業務実施の 考え方	【安全管理】 　福祉避難所への避難者、及び近隣町内会等の避難者について、指定避難所と連携して把握する必要がある。 　併せて、避難者以外の見知らぬ人が居室や避難所、金銭や貴重品を管理する事務室に出入りしないよう、掲示したり必要に応じて施錠する等防犯対策を行い、職員にも注意を喚起する。 【短期入所、通所利用者の安否確認】 　短期入所や通所の利用者に対しては、地域包括、ケアマネージャー、自治会、民生委員等と連絡調整しながら、電話や複数者による訪問により遅くとも翌日までには確認をとる。なお、過去の災害においては、電話では健康だと回答している利用者でも、訪問してみると困っていたという事例もあったため、注意が必要である。 【要援護者の受け入れ（地域ニーズの対応）】 　要援護者等を受け入れる場合には、必要な場所や要員、受け入れの優先順位、提供する物資等の資源について予め検討しておく必要がある。自治体によっては施設を福祉避難所と位置づける場合もあるので確認する。 　過去の災害の事例をみるかぎり、施設が健在であった場合、要援護者の受け入れを実施していることが多い。近隣に在住する施設入所対象となる重度の要援護者は受け入れざるを得ないので、あらかじめ自治体との事前の協定や地域コミュニティとの連携を図っておいた方が、円滑に進む。
③翌日〜3日 後	・ ＜発生直後、当日業務のうち、必要なものを継続＞ ・ ＜介護業務の継続＞ ・ 問い合わせ対応 ・ 福祉避難所の運営

	・ 施設・設備被害状況確認（写真撮影、応急復旧） ・ 備蓄品や消耗品の確認 ・ 職員の安否確認・報告並びに職員の招集、人員確保（継続） ・ 職員のローテーション管理 ・ 職員の健康管理 ・ 建物の安全確認（可能な限り早急に） ・ ライフラインの復旧（可能な限り早急に）
業務実施の 考え方	【福祉避難所運営】 　福祉避難所の運営に際しては、避難者のリスト作成と介護の状況等の情報を職員及び支援者で共有。ケアマネや家族への連絡等を行い、在宅サービス利用再開の可能性や受入れ期間の調整を図ることが必要。 　併せて避難者リスト及び日誌を作成し、FAXやパソコンメール等の通信手段が整い次第仙台市への報告を行うとともに、物資や人的供給等の要請を継続する。 【施設・設備被害状況確認】 　二次被害の防止、使用可否の判断、保険請求、復旧作業などに関わり、重要である。 　施設・設備の点検箇所及び点検内容をまとめたチェックリストに基づき確認。被害箇所は可能な限り写真で記録をとる。 　なお、施設本体あるいは立地等に危険がある場合には、より安全な施設へ避難することが必要になるため、事前に※○○○○への避難経路を確認する。 ※仙台長生園前駐車場又は建物の西側荒巻神明児童公園に誘導 【通信手段の確保・情報システムの復旧】 　安否確認や関係機関への連絡のため、通信手段の確保は優先する必要がある。 　災害時優先電話の設置、情報システムのデータに関する外部バックアップシステムについて検討する。 【情報発信、関係機関への協力】 　被害状況確認及び業務実施方針の決定後、法人本部、嘱託医、仙台市健康福祉局総務課に連絡する。 　利用者家族への連絡については、事業所からの連絡は困難と考えられるため、ライフライン復旧までは事業所からの連絡は行わない。 　情報入手手段としては、防災ラジオを活用する。 　事前に情報発信先・情報入手先のリストを作成しておく。 【人員確保】 　職員の安否確認は24時間以内に報告、集約を目安とする。自

動発信メールによる確認。

防災及び震災時緊急出勤の基準に従い、自身と家族の安全を確保したら、自動的に施設に参集する。

【外部支援者等の受入れ、対応】

介護の外部支援者の受入れについては、法人本部を通じて行う。

利用者の介護にあたる上でのポイントや重要な疾患などをコンパクトにまとめた資料を（例）福祉トリアージ・タッグを活用して作成する。

平時から活動している一般ボランティアは、災害時も連絡を取り支援を求める可能性があることを伝え、了解を取っておく。

災害時の支援に外部の協力を得るためには、日常的な関わりの中で施設利用者についての理解を地域に浸透させることも重要となる。

【職員への対応】

職員の健康管理や心のケアのため、介護を専門とする外部支援者を確保する等して、職員の参集状況にあわせて勤務ローテーションを組めるようにする。

法人内他施設で有事の職員の融通の仕方や他施設からの職員に実施してもらう業務内容等を予め検討しておく。

法人本部を通じて、日本福祉大学との災害協定に基づき連携を図る。

職員は各自で体調管理を行うと同時に、職員間で互いに確認しあう。

④4日後以降	・ ＜3日後までの業務のうち、必要なものを継続＞ ・ ＜介護業務の継続＞ ・ 通信手段の確保 ・ 情報発信 ・ 法人本部、行政、関係団体等との情報共有、調整 ・ 必要物資の調達、支援物資の受入れ ・ 被害箇所の復旧 ・ 情報システムの復旧
業務実施の考え方	復旧の状況に合わせて、3日目までの対応を継続。 状況が回復したものについては、優先度に従って順次業務を再開していく。 仙台市や提携法人及び市老人福祉施設協議会等関係機関に被災及び復旧の状況等の情報を発信。

第4章　介護における優先業務

　高齢者福祉施設として「第2章　被害想定」に基づく被害状況の中で、介護において優先的に継続すべき業務（優先業務）を挙げ、優先業務として選定した理由や、業務を継続あるいは縮小するかについての考え方、必要な資源（備蓄可能な資源を含む）の例を示します。

◎介護における優先業務の考え方と実施方法
≪介護関連事業≫

A．直接生活介助 ①　基本的な介助業務	
対象業務	・　食事・水分補給 ・　排泄等
継続・縮小の 考え方	基本的な介護業務は、利用者の生命・生活の維持に不可欠であり、最優先で実施する。ただし、被災後3日間の短期間に限っては、平時より簡素化して実施できる業務もある。 ・　食事は非常食を1日3食提供、水分補給は通常通り（お茶やコーヒー等の嗜好品は飲料水に変更して提供）実施。 ・　排泄は人員の参集状況により対応が異なる。排泄介助は重要であり、基本的には通常通り都度対応する。ただし、参集人員等の状況により、陰部洗浄をしない等の簡易対応も検討する。
A．直接生活介助 ②　清潔保持に関する介助業務	
対象業務	・　モーニングケア ・　ナイトケア ・　入浴・清拭
継続・縮小の 考え方	清潔保持に関する介助業務は、災害時においては相対的に優先度が劣後するため、通常より簡易な方法、あるいは業務を限定して実施する。実施対象とする利用者を限定する等の方策もある。ただし、放っておくと症状が悪化する、あるいは生命に関わる利用者は優先して対応する。 ・　口腔ケアに関しては、健康管理上必要なものなので、通常よりも簡易な方法等を検討して継続する。 ・　入浴は、水道の復旧状況によって再開する。本館の浴室は利用できるため全館で割り振って利用する。入浴できない場合は、清拭で対応する。

	・ 清潔保持は利用者の症状に応じて対応が異なるが、薬剤等を用いた簡易対応をする。
A．直接生活介助 ③ 移動に関する介助業務	
対象業務	・ 離床 ・ 更衣 ・ 移動 ・ 体位変換 ・ 不穏な方の対応
継続・縮小の考え方	移動に関する業務は、災害時においては相対的に優先度が劣後するため、職員の参集状況に合わせて可能な範囲で対応する。ただし、体位変換は利用者の生命の維持に不可欠であるため、継続して実施する。 ・ 離床・更衣・移動は、職員の参集状況等を考慮して対応を検討する。離床の回数を減らす、移動の対象者を限定する、更衣は汚れた場合にのみ対応すること等で業務の簡易化を図る。 ・ 認知症等で、落ち着かない方への対応は、通常より見守りを重視して行う。
A．直接生活介助 ④ 健康管理等に関する業務	
対象業務	・ 栄養管理 ・ 健康管理（体温・血圧測定、相談助言等） ・ 巡視 ・ 温度管理
継続・縮小の考え方	健康管理等に関する業務は、利用者の生命・生活の維持にとって重要であり、優先的に実施する。ただし、被災後3日間という短期間では、職員の参集状況により、相談・助言を休止することも検討する。 ・ 健康管理は通常通り実施する。心のケアにも配慮する。 ・ 栄養管理、相談・助言については、職員の参集状況により対応を検討する。 ・ 体温・血圧測定は健康管理上、基本的に重要な業務ではあるが、参集状況に合わせて、平時から対応が必要な利用者は継続して実施することを検討する。 ・ 停電により、ケアコールが使用できない為、巡視の回数を増やす等の対応を行う。また、鈴などの音の鳴る物で知らせて頂けるように検討する。

	・ 温度管理のためには、ライフラインが停止した場合も使用できるものを備える。

B．間接生活介助
① 基本的な間接生活介助業務

対象業務	・ 調理
継続・縮小の考え方	基本的な間接生活介助業務は、必要な業務に限定し、きざみ食、流動食等様々な形態の備蓄食料を活用して実施する。 ・ ライフラインの停止時は、基本的に備蓄食料（非常食）を活用する。 ・ ガスが停止した場合にも、薪やカセットコンロ、プロパンガスを使用し温かい食事が提供できるようにする。

B．間接生活介助
② 施設内清潔保持に関する業務

対象業務	・ 洗濯 ・ 施設内清掃 ・ シーツ交換
継続・縮小の考え方	施設内清潔保持に関する業務は、被災後3日間の短期間では原則休止とする。 ・ 衣類やシーツが汚れた時には個別に対応する。 ・ 衛生面への配慮から（特に感染症防止の観点で）、食べこぼしやトイレの始末等は、こまめに対応する。

C．機能訓練関連行為
① 機能訓練に関する業務

対象業務	・ 個別訓練・集団（介護予防）リハビリ
継続・縮小の考え方	機能訓練関連行為は、休止する。 ・ エコノミー症候群防止の観点から、職員の参集状況に応じ再開する。

D．医療関連行為
① 医療行為に関する業務

対象業務	・ 与薬 ・ 吸引・吸痰 ・ 経管栄養 ・ 導尿 ・ 在宅酸素療法関係 ・ 診察 ・ その他利用者に必要な医療行為

継続・縮小の考え方	医療行為に関する業務は、利用者の生命・生活の維持に不可欠であり、全て優先で実施する。 ・　応援体制も含め、看護師の確保に全力をあげる。 ・　医療行為にあたらない部分については介護職員が対応することで看護師の負担を軽減する。 ・　嘱託医との連携を図る。 ・　在宅酸素療法対象者については、電気停止にともない携帯酸素ボンベに速やかに切り替えを行い、予備のボンベ数を確認して必要に応じ担当業者からの配達等の手配を行う。

E．その他
① 衛生管理に関する業務

対象業務	・　感染症対策
継続・縮小の考え方	衛生管理に関する業務は、利用者、福祉避難所で受け入れた要援護者及び職員の生活の維持にとって重要であり、特に清掃を休止する場合には最低限の対応をとる必要がある。 ・　消毒液を活用して、感染症防止対策を行う。

E．その他
② 心のケアに関する業務

対象業務	・　心のケア ・　レクリエーション
継続・縮小の考え方	健康管理や診察等の業務に、心のケアも含めて対応する。 ・　レクリエーションは被災後3日間は停止する。

≪管理関連業務≫

A．管理業務	
対象業務	・　ケアプラン作成 ・　重要書類管理 ・　情報システム管理 ・　問い合わせ対応
継続・縮小の考え方	管理業務は、被災後3日間という短期間では基本的に状況確認程度として休止する。ただし、利用者の家族や関係機関からの問い合わせに対応する必要がある。 ・　ケアプラン作成は被災後3日間は実施しない。 ・　重要書類管理、情報システム管理は二重化で対応する。 ・　個人情報については、紙媒体でも紛失、毀損しないよう管理を行う。 ・　問い合わせ対応は、利用者の家族からの安否確認の問い合

	わせ、行政や社協、施設関係機関等からの被災状況問い合わせが予想されるため、優先して実施する。
B．経理業務	
対象業務	・　介護保険請求 ・　給与計算 ・　納入業者支払い
継続・縮小の考え方	経理業務は、後日対応も可能であるため、被災後３日間の短期間では原則休止とする。 ・　給与支払いは従業員の生活に直結するので、暫定的に前月と同額を支払う。
C．施設管理業務 ① 設備機器等の保守・点検に関する業務	
対象業務	・　電気設備 ・　上下水設備 ・　ガス設備 ・　医療機器
継続・縮小の考え方	施設管理業務は、被災直後に建物、施設、設備の点検、稼働の状況確認が重要である。設備に関する操作手順を作成し、職員に周知する。 ・　建物や設備の安全確認と修復を速やかに行えるよう施工業者等と事前に提携する。 ・　業者への連絡網を作成し活用する。
C．施設管理業務 ② 備品等の在庫管理に関する業務	
対象業務	・　消耗品・燃料等の在庫管理・発注
継続・縮小の考え方	設備備品等（ライフラインを維持するために必要な燃料、重要業務や生活必要な消耗品）の在庫管理に関する業務は、被災直後の点検業務にあわせ、必要に応じて対応、発注を継続する。
C．施設管理業務 ③ 平時の改修・修繕に関する業務	
対象業務	・　改修・修繕業務
継続・縮小の考え方	平時の修繕・改修にかかる業務は、業者への連絡をしたうえで原則休止とする。

◎介護における優先業務の検討方法

業務について、被害状況を想定し以下のとおり検討します。

> 停止することが出来ない（通常通りに実施する）業務（継続業務：◎）

> 停止することは出来ないがサービスレベルを落とすことが可能な業務（縮小業務：○）

> 停止してもよい業務（休止業務：×）

● サービスレベルを落として継続する業務については、その方法を、時間／対象者／回数を限定する、質を下げるなど具体的に検討します。

● 各業務を継続・縮小して実施するにあたり、必要な資源（人、モノ、情報システム等）を洗い出し、資源の不足が想定されるものについては対策例を検討します。

●「介護における優先業務の考え方と実施方法」及び次の「介護における優先業務の検討例」（略）を参考に、検討をします。

第5章　課題と対策

A．災害対応体制		
①	対応体制	・　すべての職員が災害時の支援について十分理解し、責任者として行動できる体制をつくる。 ・　基本的な被災対応（夜間・休日対応、職員の安全確保、緊急連絡網、要員の参集方法等）については、緊急出動の基準に則り行う。 ・　施設・設備の迅速な安全確認と修復のために施工業者等との連絡体制を構築しておく。 ・　近隣施設、医療機関、地域指定避難所である小学校等と日頃から連携し、協定を締結しておく。
②	連絡体制	・　電話等の連絡手段は非常用電源に接続しておく。 ・　災害時の情報収集においては、防災ラジオを活用する。 ・　職員の安否連絡（職員自らSメールにより楽生園ケータイに送る）
B．職員等の確保		
①	介護職員	・　職員が被災したり、道路が通行止めになる可能性等を考え、平時から法人本部、敷地内他事業所と連絡体制を整備し、外部支援の受け入れ態勢について確認しておく。 ・　外部応援者等には、日常的に介護に必要な利用者の情報

		（特にしてはいけないこと）を（例）福祉トリアージ・タッグを活用して文書化する。
②	看護師	・ 介護職員が行えるマニュアル的判断業務を作成し、普段から訓練しておく。 ・ 敷地内事業所、葉山訪問看護センターと日頃から連携し、被災時の対応について相互に確認しておく。
③	医師	・ 嘱託医、提携医療機関との連携。

C．関係機関との連携

①	施設間の連携	・ 近隣の施設を提携避難先とする。 ・ 地域指定避難所である荒巻小学校及び地区社会福祉協議会等各関係機関と、荒巻地区防災会議を通じて連携する。 ・ 法人本部を通じ、市内にある各法人事業所と連携する。 ・ 法人で提携する他県の法人と連携する。
②	医療機関との連携	・ 嘱託医、他提携医療機関と連携する。
③	関係団体	・
④	近隣町内会	・ 葉山町内会　荒巻親睦会　北山青峯会　北山泉町内会
⑤	行政	・ 仙台市
⑥	ボランティア等	・

D．転落防止対策等

①	什器、家具機器等の転落防止	・ ロッカーの転落防止措置を行う。 ・ 窓ガラス等の飛散防止対策を行う。 ・ 薬品棚は薬品類の転倒、落下防止対策を行う。 ・ 危険物等の流出、漏えい防止措置を行う。 ・ 高所に置かれた重量物は低所に移動する。

E．ライフライン

①	電気	・ ポータブル発電機を動かせる職員の増員。 ・ 停電時、電力を使用しない冷暖房器具と、その燃料を確保しておく。 ・ 滅菌消毒は煮沸消毒により対応する。 ・ 清掃は掃き掃除で対応する。 ・ モーニングケア、ナイトケア等は、可能な限り明るい時間帯に実施する。

		・ その他、非常用電源に接続していない設備機器は使用不能となるため、電力を使用しない代替機器等で対応する。
②	上下水	・ 調理、食事・補水は、備蓄水、容器で対応する。 ・ 入浴はウェットティッシュによる清拭で代替する。 ・ 排泄は、下水が使用できない場合は、汲み置き水の利用を検討する。オムツでの代替は可能な限り行わない。 ・ モーニングケア、保清はウェットティッシュで代替する。
③	ガス	・ カセットコンロとガスボンベを備蓄し、プロパンガス使用時は必要最低限にとどめる。 ・ 備蓄食料品を利用したり、薪、カセットコンロにより調理して食事を提供する。
F．備蓄		
①	備蓄	・ 備蓄品はリスト化して管理し、年に1回は点検し定期的に補充する。 ・ 水や食料は、通常とは別に3日間分以上を備蓄する。 ・ 水は調理用だけでなく、飲料や洗浄等の業務用、職員用、災害時要援護者を含めた人数分を備蓄に加えておく。 ・ 食料は通常の非常食だけでなく、必要に応じて嚥下障害者用食事や減塩食の備蓄も備えておく。 ・ 保存期限間近の水や食料は炊き出し訓練で費消する。 ・ 排泄介助を必要としない利用者や職員用として、衛生上、Ｐトイレを備蓄する。 ・ 感染予防対策として、消毒液やマスクを備蓄する。 ・ 車のガソリンは半分程度になったら補充する。
G．文書		
①	重要文書	・ 重要書類は複写したものを○○○に保管する。 ・ 重要データは法人本部で相互バックアップする。
H．財務		
①	財務	・ 火災保険、地震保険に加入する。
I．教育・訓練		
①	教育・訓練	・ 教育・訓練については、防災計画上のものとBCPをあわせて、少なくとも年に1回以上行う。 ・ 研修・訓練の結果によりBCPを見直し、継続的にBCPのレベル向上を図る。 ・ 消火・通報・避難誘導の他、夜間非常体制下での訓練、救命救急訓練、安否確認訓練、緊急連絡訓練、参集訓練、炊き

出し訓練等を定期的に行い、課題等あれば計画やマニュアル
を修正する。
- 　自家発電装置の使用方法について、訓練の機会や業者の施
設・設備点検の機会等に立会い、確認する。

社会福祉法人仙台市社会事業協会　事業継続計画（BCP）
～新型コロナウイルス感染症対策版～
（令和２年９月現在）

第1章 事業継続計画（BCP）の目的

　新型コロナウイルス感染症の発生に対応するため、ここに事業継続計画（以下「BCP」という。）を定める。

　当BCPは、法人における危機管理規程に基づき、職員や利用者等の生命及び身体の安全確保を図ることと併せ、財産の保護、事業・活動の継続並びに再開に努めることを目的とする。

第2章 事業継続計画（BCP）の方針

　法人に所属する職員は、法人における危機管理体制が適切かつ有効に機能するよう、次の各号に掲げている内容に危機管理意識を持って、職務の遂行に当るものとする。

　①職員や利用者等の生命及び身体の安全確保を最優先とする。

　②法人・事業所の財産の保護に努める。

　③法人・事業所における事業及び活動の継続又は速やかな再開に努める。

　④平時より、危機の未然防止に努める。

　⑤平時より、感染対策研修や訓練等を実施し、危機管理の人材育成に努める。

※感染症又は経済的状況等が原因で、突発的な緊急事態が発生した際は、大規模震災版のBCPに準じて、危機管理対策を行うものとする。

第3章 法人における危機管理対策

　１）危機管理規程の目的

　　　この規程は、社会福祉法人仙台市社会事業協会（以下「法人」という。）において発生する危機に迅速かつ的確に対応するため、法人における危機管理体制その他基本事項を定めることにより、職員や利用者等の安全確保を図るとともに、法人の社会的な責任を果たすことを目的とする。

　２）感染時における法人の役割

　　①感染状況の把握

　　　　感染発生地区の報告により感染状況を把握する。

　　②感染方針の決定

　　　　感染状況により、対応方針を決定し、各施設・事業所に対応の指示を行う。

　　③応援要請への対応指示

　　　　各施設・事業所からの応援要請等により支援体制の方針を決定し、各施設・事業所長に支援に関する指示をする。

　３）法人における危機管理システム

①感染症対策委員会の設置

②感染症対策本部の設置

①感染症対策委員会	②感染症対策本部	役職
副委員長（母子部門）	本部長	会長
委員長　（法人）	第一副本部長	副会長
委員　（法人）	第二副本部長	事務局長
委員　（保育部門）	本部員	施設長
委員　（高齢部門）	本部員	施設長
委員　（教育部門）	本部員	校長
事務局員（法人）	事務局員	事務長

4）感染時における会長（感染症対策本部長）の代行者

第1代行者	第2代行者
副会長	事務局長

第4章　感染症対策委員会の設置

1）委員会の目的

　　感染症対策委員会は、社会福祉法人仙台市社会事業協会（以下「法人」という。）危機管理規程に基づき、危機を未然に防止するための措置、職員や利用者等の生命及び身体の安全確保に関する措置、法人の財産の保護に努める措置について、法人内外の関係者や関係機関と連携して対策を講ずることを目的とする。

2）委員会の任務

　　平時から下記の項目について協議し、緊急の事態に備えることを任務とする。

① 利用者・その家族の感染状況、健康状態の確認

② 職員・その家族の感染状況、健康状態の確認

③ 市内患者発生状況の確認

④ 法人協力医療機関との連絡調整

⑤ 保健所や関係機関との連絡調整

⑥ 職員・利用者・家族への連絡調整

⑦ 役員・関係者への連絡調整

⑧ 応援職員の派遣及び支援の要請

⑨ 行政・関係機関からの情報収集、整理及び分析

⑩ 感染対策機器・備品の管理・調達

⑪　危機管理の啓発、感染症教育の実施

⑫　BCPの策定及び見直し

第5章　感染症対策本部の設置

１）対策本部の基本方針

　　新型コロナウイルスが蔓延し、当法人が経営する施設において感染者が発生した際においても、以下の入所６施設については、利用者・職員の安全を確保しつつ事業を適切に継続する。

①　養護老人ホーム　仙台長生園

②　特別養護老人ホーム　仙台楽生園

③　有料老人ホーム　創快館

④　グループホーム　楽庵

⑤　母子生活支援施設　仙台つばさ荘

⑥　母子生活支援施設　仙台むつみ荘

　　なお、通所施設等においては、施設内で利用者・職員を問わず感染者（陽性）が発生した場合、一時閉鎖の措置を採るものとするが、入所施設の事業継続に向け必要なサービスを提供するにあたり、介護士等が不足する場合にあっても、従事者確保のため一時閉鎖の措置を採る場合がある。

２）対策本部の任務

　　新型コロナウイルス感染で、当法人が経営する施設において感染者が発生した際の人命の保護、施設の事業継続と早期復旧を可能とするため、感染拡大の恐れのある時点で、感染症対策本部を設置し、必要に応じてBCPを発動します。

BCP対応と役割	対策本部	施設
・方針の決定、対策の統括、施設の閉鎖等の決定	会長 副会長	施設長
・利用者の健康チェック、利用者の体調観察、発生状況の確認　等	各本部員	嘱託医・看護師 管理者
・全施設の利用者、職員の状況把握、情報収集と発信、各種調整等	事務局長 各本部員	副施設長 事務長
・対外窓口（家族、身元引受人、行政、保健所等） ・感染予防、医療・看護、専門的知識などの情報収集・提供 ・施設の衛生上の必要備品手配など衛生管	事務局長 事務長 各本部員	副施設長 事務長 主任

理 ・保健所、医療機関、施設消毒業者などの 　対応 ・職員の人員確保、調整、応援手配　等			

3）BCPの発動

　　クラスターが発生するなど、事業の継続が困難な事態が発生、又はその恐れが
　ある場合は、行政や保健所等の指導に基づき、感染の職員、その同居者、利用
　者、その同居者の感染状況も勘案して、感染症対策本部又は感染症対策委員会よ
　りBCPを発動する。

第6章　その他

1）感染症対策拠点設置候補場所

第1候補場所	第2候補場所	第3候補場所	第4候補場所
法人事務局 （仙台長生園）	葉山ホール （葉山包括）	仙台楽生園	柏木保育園

2）法人の感染症対策として用意する備品整備

品目	保管場所	備考
フェイスシールド	各事業所	
ディスポーサブルエプロン	各事業所	
ディスポーサブルキャップ	各事業所	
シューズカバー（組）	各事業所	
マスク	各事業所	
消毒用噴霧器	各事業所	
アイポッシュ	各事業所	
ディスポーサブル手袋M（組）	各事業所	
ディスポーサブル手袋L（組）	各事業所	

3）感染時における所有物品リストの活用

　①　所有物品リストは、あくまでも目安である。事業所間で相互に連絡を取り合
　　い、提供できるものや数量を確認した上で運用する。

　②　所有物品リストの更新は、年1回〜4回を行うものとし、各事業所間で最新
　　の情報を共有する。

　③　物品の提供は速やかに行い、ある程度終息した時点で、法人及び事業所間で

十分に話し合い、経費の精算や物品の補填などについて対応する。

④　借用書に必要事項を記入し、事前の申し込みを基本とするが、緊急の場合は後日の提出も可とする。

第7章　法人感染対策マニュアル

　下記の項目について、各事業所の実情に応じBCP及び感染対策マニュアルを整備する。

　1）実施する業務

　　　下記の留意すべき「身体状況例」を参考に、感染予防策と感染対応策を実施する。また、病原体の情報を的確に把握して、利用者及び職員の不利益にならないように実施内容の有無・強弱を検討する。

感染予防・感染対策に当たっての留意すべき「身体的状況例」

ア．息苦しさや強いだるさ、高熱などの強い症状のいずれかがある

イ．高齢者や、糖尿病や心不全など基礎疾患がある人で、比較的軽い風邪症状がある

ウ．味覚・嗅覚障害の症状、発熱や咳などの比較的軽い風邪症状が続く

　A．感染予防策

　　　国や県の方針及び地域の感染状況を勘案し、以下の感染予防策を講じる。

職員に関すること

①　施設内ではマスク着用で業務を行う。
②　施設入口に消毒液を置き、施設に入る時は手の消毒を行う。
③　出勤時に必ず検温を行う等、健康チェックを徹底する。
④　「身体状況　ウ」が自覚されるような場合は、医療機関を受診し医師の診断に従う。
⑤　「身体状況　ア又はイ」に該当する場合は、保健所へ相談する。
⑥　県外への不要不急な外出は自粛する。
⑦　勤務中・プライベートにかかわらず「3つの密」を避ける。
⑧　他の法人等外部者と同席する会議等への出席は控える。
⑨　感染経路の特定、濃厚接触者と成り得るかを判断するため、日々の行動を記録する。

職員の家族等に関すること

①　ご家族又は同居している方が、海外から帰国され、検疫所長により14日間の自宅待機を命じられた場合は、必ず上司へ申し出る。この場合、14日間自宅待機する。

② ご家族又は同居している方が、海外から帰国された場合（上記①を除く）
や感染拡大地域との往来があった場合は、必ず上司へ申し出る。この場合、
原則5日間自宅待機する。

③ ご家族又は同居している方が、「身体状況　ウ」に該当する場合は出勤せ
ず、2日間自宅待機する。

④ ご家族又は同居している方が、「身体状況　ア又はイ」に該当する場合は
保健所に相談し、医師の判断又はPCR検査で陰性が確認できるまで自宅待
機する。

⑤ ご家族又は同居している方が、新型コロナウイルスへの感染が確認された
場合は、保健所の指示に従う。

来訪者に関すること
① やむを得ない事由以外、利用者のご家族等の面会はお断りする。 ② 営業や納品等のため来訪した業者については、建物内に入らず玄関先で対応する。 ③ 施設内清掃や機器の点検等のため来訪した業者については、検温とマスク着用、受付簿への記入を求める。

Ｂ．感染対応策

（1）感染の恐れがある利用者・職員が発生した場合

（感染の恐れ：「身体状況　ウ」に該当する利用者・職員）

項　目	対象者	BCP対応策
1．感染の恐れに該当	利用者	① 発熱等があることを担当者から上司に報告する。 ② 他の利用者から隔離した部屋で介護し、担当の職員から上司に毎日の体温と状況を報告する。 ③ 状況が変化し「身体状況　ア又はイ」に該当するに至った場合は、主治医へ相談し、指示に従う。
	職員	① 発熱等があることを上司に報告し、医療機関を受診する。 ② 施設を休み、医師の指示に従い自宅待機する。 　自宅待機期間中は、毎日朝晩検温し、上司に報告する。 ③ 状況が変化し「身体状況　ア又はイ」に該当するに至った場合は、保健所へ相談し、指示に従う。

	家族等	家族等が「身体状況　ウ」に該当する場合も、医師の指示に従い自宅待機する。
２．対策本部へ報告	職場の上司	感染の恐れのある利用者・職員が発生したことと、その時の経過を報告する。
３．BCP発動準備	対策本部	感染の恐れのある利用者・職員が発生したことの報告を受け、BCP発動を準備し、その旨を当該施設長に伝える。

（２）感染が疑われる利用者・職員が発生した場合

　　　感染が疑われる場合　＝　「身体状況　ア又はイ」に該当し、保健所に相談する場合

項　目	対象者	BCP対応策
１．感染が疑われる場合	利用者	他の利用者から隔離し上司に報告し主治医に相談する。
	職員	自宅待機のまま上司に報告し、保健所に相談する。
２．対策本部へ報告	職員の上司	①　感染が疑われる利用者・職員が発生したことを対策本部に報告する。 ②　当該利用者・職員が濃厚接触した可能性のある人についてヒアリングし対策本部へ報告する。
３．BCP発動	対策本部	①　感染が疑われる利用者・職員が発生したことを対策本部内で情報を共有し、BCPを発動する。 ②　BCPを発動したことを、全施設に連絡・周知する。 ③　感染が疑われる者のケアを担当する職員の宿泊場所を確保する。
	当該施設の施設長	①　施設内で感染が疑われる利用者・職員が発生したことを職員に周知する。 ②　職員体制について、非常体制シフトに切り替える。 ③　軽症状或いはベッド不足により、感染者が指定医療機関へ入院できない場合を想定した検討を行う。
４．一部事業の休止	対策本部	当該施設でのショートステイの受入れを

		中止し、関係機関へ通知する。
	施設長	① 利用中の高齢者及びその家族には、感染リスクの存在を伝える。 ② 利用予約者へ連絡する。
5．施設の消毒	施設長	職員に施設の消毒を指示する。
6．感染が疑われる者と濃厚接触の可能性のある者（※）	利用者	他の利用者から隔離（個室に移動）し、感染を想定したケアを行う。（担当職員の固定化、部屋の換気、ポリエプロン・マスク・手袋・フェイスガード等の着用）
	職員	自宅待機し、発熱などの症状を毎日上司に報告する。
7．PCR検査の実施	主治医・看護師	① 主治医と相談し、主治医に保健所への検査依頼をお願いする。 ② 保健所の指導に基づき、看護師が検体を採取する。
8．陰性反応の報告	施設長	保健所から検査結果が届き次第、本部に報告する。
9．BCP解除	対策本部	① 検査の結果、陰性であったことを対策本部内で情報を共有し、BCPを解除する。 ② BCPを解除したことを、全施設に連絡・周知する。
	施設長	職員体制について、通常シフトに切り替える。

※感染が疑われる者と濃厚接触の可能性のある者

「社会福祉施設等における感染拡大防止のための留意点について」から抜粋

濃厚接触が疑われる利用者、職員の特定
新型コロナウイルス感染が疑われる者が発生した場合、施設等においては、感染が疑われる者と濃厚接触が疑われる利用者・職員を特定する。濃厚接触が疑われる者については、以下を参考に特定する。 ・新型コロナウイルス感染が疑われる者と同室または長時間接触があった者 ・適切な感染の防護なしに新型コロナウイルス感染が疑われる者を診察、看護もしくは介護していた者 ・新型コロナウイルス感染が疑われる者の気道分泌物もしくは体液、排泄物等

の汚染物質に直接触れた可能性が高い者
濃厚接触が疑われる利用者に係る適切な対応の実施
濃厚接触が疑われる利用者については、以下の対応を行う。 ・当該利用者については、原則として個室に移動する。 ・当該利用者とその他の利用者の介護等に当たっては、可能な限り担当職員を分けて対応を行う。 ・当該利用者のケアに当たっては、部屋の換気を１～２時間ごとに５～10分間行うこととする。 また、共有スペースや他の部屋についても窓を開け、換気を実施する。 ・職員は使い捨て手袋とマスクを着用する。咳込みなどがあり、飛沫感染のリスクが高い状況では必要に応じてゴーグル、使い捨てエプロン、ガウン等を着用する。 ・ケアの開始時と終了時に、液体石けんと流水による手洗い、または消毒用エタノールによる手指消毒を実施する。 手指消毒の前に顔（目・鼻・口）を触らないように注意する。 「１ケア１手洗い」、「ケア前後の手洗い」を基本とする。 ・体温計等の器具は、可能な限り当該利用者専用とする。 その他の利用者にも使用する場合は、消毒用エタノールで清拭する。 ・当該利用者以外の利用者についても、手洗い等の感染予防のための取組を促す。 ・施設長等の指示により、来訪者に対して利用者との接触の制限等を行う。

（３）入所施設で感染者（陽性）の利用者・職員が発生した場合

　　　　Ｂ－（２）－６．から続く

項　目	対象者	BCP対応策
１．PCR検査の実施	主治医・看護師	① 主治医と相談し、主治医に保健所への検体依頼をお願いする。 ② 保健所の指導に基づき、看護師が検体を採取する。
２．陽性反応の報告	施設長	① 保健所から検査結果が届き次第、本部に報告する。 ② 施設内で感染者（陽性）の利用者・職員が発生したことを職員に周知する。
	対策本部	① 当該施設で感染者（陽性）の利用者・職員が発生したことを対策本部内で情報を共有するとともに、全施設に

		連絡・周知する。 ② 保健所へ、感染者の指定医療機関への入院を依頼する。 ③ 入院のための移送車両（法人の福祉車両）を手配する。 ④ 保健所の指導に基づき、行動履歴と濃厚接触者を特定し、指示を受ける。
3．業務の継続	施設長	① 引き続き非常体制シフトを維持する。 ② 代替施設はないことから、同一施設内でケアを継続する。
	対策本部	① 業務継続に当たって、保健所との調整を行う。 ② 通所サービス事業を一時閉鎖し、関係機関へ通知する。 ③ 当該施設への従事者応援体制の整備と職員派遣を行う。
4．外部への連絡	施設長	① 感染者を含む、全利用者の身元引受人へ感染者発生の事実を連絡する。 ② 行政（措置権者）へ連絡する。
	対策本部	① 理事・監事・評議員へ感染者発生の事実を連絡する。 ② 出入の業者へ連絡する。（濃厚接触者に成り得る。）
5．食事の確保	対策本部	給食業務委託業者と調整する。（調理場所、食材確保、運搬方法等）
6．消毒の実施	対策本部	① 保健所の指導のもと、消毒範囲・手法等を確定する。 ② 施設内で利用者の退避計画を策定する。 ③ 保健所の指導により、消毒を実施する。
7．利用者対応	施設長	① 濃厚接触者（利用者）については、（2）6．によりケアを行う。 ② 濃厚接触者以外の利用者については、極力通常のサービス提供を確保する。

8．事実の公表	保健所	人数、性別、年齢など個人を特定できない範囲で公表する。
	対策本部	当法人が経営する施設で感染者が発生した事実を公表する。 ・日時・施設名・利用者or職員・性別・年齢・経過　他
9．職員（濃厚接触者）	対策本部	①　当該職員に14日間の自宅待機を指示する。 ②　発熱などの症状を毎日上司に報告する。
10．濃厚接触者の状況把握	対策本部	①　濃厚接触者（利用者・職員）のPCR検査の実施については、保健所の指示による。 ②　濃厚接触者以外の利用者、職員のPCR検査の実施についても、保健所の指示による。
11．BCPの解除	対策本部	保健所に相談し、感染がないことを確認しBCPを解除する。
	施設長	職員体制について、非常体制シフトから通常シフトに切り替える。
	通所施設の施設長	通所サービス事業の一時閉鎖を解除し、事業を再開する。

2）管理関連業務

A．経理業務	
対象業務	・　給与計算 ・　納入業者支払い
継続・縮小の考え方	・　感染場所が仙台長生園の場合、法人事務局を移転し業務継続する。
B．管理業務 ①備品等の在庫管理に関する業務	
対象業務	・　感染症対策用消耗品の在庫管理・発注
継続・縮小の考え方	設備備品等の在庫管理に関する業務は、被災直後の点検業務にあわせ、必要に応じて対応、発注を継続する。

３）課題と対策

A．職員等の確保	
職員等の確保	・　職員が感染した場合、同事業所内で調整するが、調整がつかない場合は、敷地内他事業所と連絡を取り職員を確保する。
B．関係機関との連携	
関係機関との連携	・　法人本部を通じ、市内にある各法人事業所と連携する。 ・　法人で提携する他県の法人と連携する。
C．備蓄	
備　蓄	・　備蓄品はリスト化して管理し、年に１回は点検し定期的に補充する。 ・　感染予防対策として、消毒液やマスクを備蓄する。
D．教育・訓練	
教育・訓練	・　教育・訓練については、感染症対策計画上のものとBCPをあわせて、少なくとも年に１回以上行う。 ・　研修・訓練の結果によりBCPを見直し、継続的にBCPのレベル向上を図る。

第8章　法人各施設・事業所の事業継続計画（BCP）

（別紙（略）参照）

第9章　関係資料　（別紙（一部略）参照）

- ●危機管理規程（本書P88〜90参照）
- ●感染症対策委員会会則（略）
- ●感染症対策組織図（略）
- ●感染症対応用BCP（事業継続計画）フローチャート（本書P94図表23参照）
- ●連絡先一覧（略）
- ●物品借用書（略）

おわりに

　仙台楽生園ユニットケア施設群では、社会貢献、地域貢献の観点から、大規模多機能・地域密着・都市型施設としてのスケールメリットを生かし、これまで、高齢者や認知症の人にやさしい「まちづくり」や、さまざまなサービスの展開を実践してきました。併せて、施設および法人だけにとどまらず、地域連携・広域連携等の相互支援ネットワーク構築にも力を注いできました。

　いずれにしても、オレンジカフェや支え合いセンター等も含め、地域住民と普段から顔の見える関係を築いておくことが、大災害時の相互支援や助け合いにつながっていきますし、さらに言えば、近隣地域の災害拠点や防災拠点にもなると考えています。

　大災害に遭遇し、施設・事業所が全壊したり半壊したりして事業の継続が危ぶまれる場合は、できるだけ早く施設・事業所の再建や事業を継続する旨の意思表示を行い、利用者や家族はもちろんのこと、職員の不安も払拭させなければなりません。

　目先の経営だけで事業の廃止を早々に決断することは、福祉法人の理念である社会貢献の趣旨に反していると思いますので、BCPを作成する場合は、その地域における社会的使命も勘案して適切な判断を行うことができるような内容にしておくことが肝要かと思います。

　また、利用者のために生活しやすい環境の確保と、職員のために働きやすい環境の確保を、あらゆる手段を講じて行う必要があります。現場は手一杯の状況ですので、法人内外を問わず、フォーマル・インフォーマルも問わず、さまざまな社会資源を活用したり、開発したり、人・物・金・情報を収集して速やかに対応することが大切です。そのためにも、平時から近隣地域と良好な関係を築き、他施設・事業所と全県的、全国的な連携システムを構築しておく必要があると考えています。

　2020（令和2）年～2022（令和4）年は、新型コロナウイルスの猛威により、「緊急事態宣言」や「まん延防止等重点措置」等が発出されるたびに地域活動が停滞しました。地域社会では、新型コロナウイルスに感染した人やその家族に対する嫌がらせや、集団感染した職場への脅迫、差別的な言動が相次ぎ、社会的なスティグマ（差別）が発生しました。

　真に恐れるべき対象は、ウイルスであって、決して感染した人達ではなく、ウィズコロナの今だからこそ誰もが当事者意識を持ち、人にやさしい寛容な社会や共に助け合って生きることのできる共生社会を体現していくことが望まれます。

　感染症に関する認識も、自然災害に関する対応も、施策も含めここ数年で大きく変わってきています。筆者の法人や施設のBCPも、早い時期に作成したせいもあり、内容的にはまだまだ不十分ですし、新型コロナウイルス感染症の影響もあり、適時な見直しができておりませんので、現在の社会情勢に合わせたものにブラッシュアップしていく必要があります。本書では、これまでの知見と併せて、筆者が今後取り組みたい内容も記述しています。2023（令和5）年度中には、最新の情報を盛り込んだ修正版BCPを作成したいと考えていますので、皆様、お互いに切磋琢磨してまいりましょう。

　東日本大震災を風化させることがないよう、できるだけたくさんの方に、これまでの体験や経験をお知らせして万が一に備えていただきたいと考え、この12年間で災害対策関係の講演会等は約100回を数え、同様に書籍や機関誌、報告書等への執筆も30回を超えています。

　これらの取組みの一環で、今回、第一法規さんのご尽力により、本書「BCP運用ガイド」を出版することができましたので、ご活用いただければ幸いです。

2023年2月

佐々木　薫

著者紹介

佐々木　薫　（ささき　かおる）

現　職　社会福祉法人 仙台市社会事業協会 理事
　　　　・災害対策ネットワーク委員会 委員長
　　　　高齢者総合福祉施設 仙台楽生園ユニットケア施設群
　　　　・グループホーム楽庵 施設長
　　　　・葉山地域包括支援センター 所長

資格等　社会福祉士・保育士・防災士・Certified Risk Manager
　　　　認知症介護指導者・介護支援専門員

略　歴（法人内）
　　　1982年〜　社会福祉法人 仙台市社会事業協会 入職
　　　　　　　　仙台母子寮 少年指導員　柏木保育園 保育士 主任保育士
　　　1994年〜　特別養護老人ホーム仙台楽生園 主任生活指導員 事務長 副園長
　　　　　　　　葉山在宅介護支援センター 主任相談員 副所長
　　　2005年〜　高齢者総合福祉施設 仙台楽生園ユニットケア施設群 総括施設長
　　　　　　　　特別養護老人ホーム仙台楽生園 園長　グループホーム楽庵 施設長
　　　　　　　　仙台楽生園短期入所生活介護事業所 所長　葉山地域交流プラザ 館長
　　　　　　　　楽園デイサービスセンターいこい・なごみ(認知症対応型)施設長
　　　　　　　　葉山ヘルパーセンター 所長　葉山訪問看護センター 所長
　　　　　　　　葉山ケアプランセンター 所長　葉山地域包括支援センター 所長
　　　2022年〜　現職
　　　（法人役員）
　　　2007年〜　理事　副会長　常務理事（業務執行理事）　副会長（業務執行理事）

略　歴（法人外）
　　　1993〜1994年　仙台市保母会（現保育士会）会長
　　　1997〜2003年　仙台市老人福祉施設交流会 会長
　　　1999〜2014年　仙台市介護認定審査会 委員
　　　2005〜2015年　宮城県社会福祉法人経営者協議会 理事 広報部会長
　　　2006〜2010年　全国老人福祉施設協議会 研修委員会 アドバイザー 講師
　　　2011〜2019年　一般社団法人日本認知症ケア学会 評議員 代議員
　　　2011〜2020年　公益社団法人日本認知症グループホーム協会 理事 副会長
　　　2015〜2016年　一般社団法人全国認知症介護指導者ネットワーク 会長
　　　2018〜2020年　厚生労働省介護現場革新会議 委員

現在の主な公職

- 公益社団法人日本認知症グループホーム協会　常務理事
　　資格認定制度特別委員会　委員長　宮城県支部長
　　教育・研修委員会　副委員長　全国大会企画委員会　副委員長
- 一般社団法人全国認知症介護指導者ネットワーク　副会長
　　認知症介護指導者ネットワーク（ちネット）代表世話人　ちネット仙台　代表
- 一般社団法人日本認知症ケア学会　地域統括委員会　委員　東北地域部会　部会長
- 認知症介護研究・研修仙台センター　運営協議会　委員
- 宮城県災害福祉広域支援ネットワーク協議会　災害派遣福祉チーム部会　委員
- 宮城県新型コロナウイルス感染症対策介護ワーキンググループ　委員
- 宮城の認知症をともに考える会　世話人　おれんじドア　世話人
- 日本福祉大学大学院　福祉サービスマネジメント特講　ゲスト講師
- 日本社会事業大学　通信教育科　社会福祉士養成課程　非常勤講師
- 仙台市健康福祉事業団　仙台市認知症介護実践者・リーダー・管理者研修　講師
- 仙台フィンランド健康福祉センター研究開発館　福祉専門職アドバイザー
- 仙台市認知症対策推進会議　副会長

現在の厚労省関係（委員）

- 厚生労働省　社会・援護局　福祉基盤課　福祉人材確保対策室　介護分野における特定
　技能協議会　運営委員会　委員
- 特定非営利活動法人　介護人材キャリア開発機構（令和4年度厚生労働省老人保健
　健康増進等事業）
　「市町村における地域包括ケアシステムを支える介護人材の確保及び育成に関す
　る調査　研究事業」研究委員会　委員
- 一般社団法人　日本医療福祉建築協会（令和4年度厚生労働省老人保健健康増進等
　事業）
　「介護施設等の職員に必要な防災・減災対策の知識に関する調査研究事業」専門
　家委員会　委員

（2023（令和5）年2月現在）

※なお、上記のほか、「筆者が東日本大震災時からこれまでに担った役割」について
　は、本書P25〜27を参照。

サービス・インフォメーション
──── 通話無料 ────
①商品に関するご照会・お申込みのご依頼
　　　　　TEL 0120 (203) 694／FAX 0120 (302) 640
②ご住所・ご名義等各種変更のご連絡
　　　　　TEL 0120 (203) 696／FAX 0120 (202) 974
③請求・お支払いに関するご照会・ご要望
　　　　　TEL 0120 (203) 695／FAX 0120 (202) 973

●フリーダイヤル (TEL) の受付時間は、土・日・祝日を除く
　9:00〜17:30です。
●FAXは24時間受け付けておりますので、あわせてご利用ください。

これで安心！介護施設・事業所のBCP運用ガイド
―地域、自治体、他施設・事業所等と「連携」して進める災害・感染症対策―

2023年3月30日　初版発行

著　者　佐々木　薫

発行者　田　中　英　弥

発行所　第一法規株式会社
　　　　〒107-8560　東京都港区南青山2-11-17
　　　　ホームページ　https://www.daiichihoki.co.jp/

装　丁　篠　　　隆二

介護BCP　ISBN978-4-474-09174-0　C2036　(4)